BEGINNEND LEIDINGGEVENDE
EEN UITGEBREIDE ROUTEKAART NAAR EFFECTIEF LEIDERSCHAP

Copyright melding

Alle rechten voorbehouden. Geen enkel deel van dit boek mag worden gereproduceerd, gedistribueerd of verzonden in welke vorm of op welke manier dan ook, inclusief fotokopiëren, opnemen of enige andere elektronische of mechanische methode, zonder voorafgaande schriftelijke toestemming van de uitgever, behalve zoals toegestaan door de auteursrechtwetgeving.

Inhoudsopgave

Invoering 1
De rol van een manager: navigeren door het doolhof van verantwoordelijkheden 3
Overgang naar management: navigeren door de verschuiving van peer naar leider 5
Kernmanagementvaardigheden: de bouwstenen van effectief leiderschap 9
Werving en aanwerving: bouw uw droomteam 12
Onboarding van nieuwe medewerkers: de weg bereiden voor succes 15
Teamdynamiek opbouwen: samenwerking, vertrouwen en succes bevorderen 18
Diversiteit en inclusie: verschillen omarmen, innovatie bevorderen en bouwen aan een betere toekomst 21
Training en ontwikkeling: investeren in de groei en het succes van uw team 25
Prestatiemanagement: potentieel maximaliseren, resultaten stimuleren en groei bevorderen 29
Motivatie en betrokkenheid: passie aanwakkeren, toewijding bevorderen en succes stimuleren 32
Leiderschapsstijlen: navigeren op de weg naar succes 36
Emotionele intelligentie: de sleutel tot effectief leiderschap en persoonlijke groei 39
Delegatie: anderen empoweren, de efficiëntie maximaliseren en succes behalen 42
Timemanagement: de kunst van productiviteit, balans en succes beheersen 45
Verandering beheren: met veerkracht en aanpassingsvermogen door de winden van transformatie navigeren 48
Omgaan met moeilijke gesprekken: omgaan met uitdagingen met empathie, duidelijkheid en respect 52

Conflictoplossing: uitdagingen omzetten in kansen voor groei en samenwerking 55
Crisisbeheersing: navigeren in turbulente wateren met veerkracht en strategie 58
Een productieve werkomgeving creëren: cultuur, samenwerking en welzijn cultiveren 62
Procesverbetering: verbetering van de efficiëntie, kwaliteit en innovatie 66
Doelen stellen en volgen: navigeren naar succes met duidelijkheid en verantwoordelijkheid 70
Strategische planning: de koers naar succes uitstippelen met visie en doel 73
Besluitvorming: navigeren door complexiteit met duidelijkheid en vertrouwen 77
Innovatie en creativiteit: ontketen de kracht van verbeelding en vindingrijkheid 81
Netwerken: verbindingen opbouwen voor succes en groei 84
Stakeholdermanagement: relaties opbouwen voor succes en duurzaamheid 87
Cross-functionele samenwerking: eenheid bevorderen voor collectief succes 90
Continu leren: groei omarmen voor persoonlijke en professionele ontwikkeling 93
Evenwicht tussen werk en privé: harmonie koesteren in een drukke wereld 96
Reflecteren en verbeteren: het pad naar persoonlijke en professionele groei 99
Conclusie 102

Invoering

Welkom in de wereld van management: een spannende reis vol uitdagingen, kansen en het potentieel voor diepgaande impact. Of u nu onlangs bent gepromoveerd tot een leidinggevende functie of overweegt deze rol te gaan vervullen, deze gids is ontworpen als uw vertrouwde metgezel en biedt een uitgebreide routekaart om u te helpen met vertrouwen en competentie door de complexiteiten van leiderschap te navigeren.

In de huidige dynamische en snelle zakelijke omgeving is de rol van een manager belangrijker dan ooit. Managers zijn niet alleen taakmeesters; het zijn visionairs, coaches en katalysatoren voor verandering. Zij zijn verantwoordelijk voor het begeleiden van teams naar gedeelde doelen, het bevorderen van een cultuur van samenwerking en innovatie en uiteindelijk het stimuleren van organisatorisch succes.

Maar het kan lastig zijn om in een leidinggevende rol te stappen. Veel nieuwe managers worden geconfronteerd met een steile leercurve en worstelen met onbekende uitdagingen en verantwoordelijkheden. De overgang van een collega naar het leiden van een team vereist een verandering in mentaliteit en vaardigheden. Het vereist niet alleen een diepgaand inzicht in de complexiteit van management, maar ook het vermogen om anderen te inspireren, motiveren en empoweren.

Deze handleiding is bedoeld om u te helpen die overgang soepel en effectief te laten verlopen. Of u nu leiding geeft aan een team van twee of twintig personen, of u nu de leiding heeft over een klein project of een hele afdeling, de hier geschetste principes en strategieën zullen van onschatbare waarde zijn om u te helpen slagen als manager.

In de volgende hoofdstukken behandelen we een breed scala aan onderwerpen die essentieel zijn voor beginnende managers, van het begrijpen van de fundamentele principes van management tot het aanscherpen van uw leiderschapsvaardigheden, het opbouwen en ontwikkelen van uw team, het omgaan met uitdagingen, het verbeteren van de productiviteit en het bevorderen van strategisch denken. Elk hoofdstuk staat boordevol praktische tips, voorbeelden uit de praktijk en uitvoerbaar advies, ontleend aan de nieuwste onderzoeken en best practices op het gebied van management.

Maar meer dan alleen een handleiding, is dit boek ook een uitnodiging om aan een reis van persoonlijke en professionele groei te beginnen. Om een geweldige manager te worden, gaat het niet alleen om het beheersen van een aantal vaardigheden; het gaat over het cultiveren van de mentaliteit en gewoonten van iemand die zijn hele leven leert, en er voortdurend naar streeft om te verbeteren en te evolueren als reactie op nieuwe uitdagingen en kansen.

Dus of u nu aan uw eerste leidinggevende rol begint of uw bestaande leiderschapsvaardigheden wilt verbeteren, ik nodig u uit om erin te duiken, de transformerende kracht van effectief management te verkennen en te ontdekken. Jouw reis begint hier.

De rol van een manager: navigeren door het doolhof van verantwoordelijkheden

Oké, dus je hebt een leidinggevende rol gekregen. Gefeliciteerd! Maar houd je vast, want je staat op het punt te beginnen aan een wilde rit vol wendingen, bochten en meer verantwoordelijkheden dan waar je een stokje voor kunt schudden. Wat betekent het nu precies om manager te zijn? Doe je gordel om, mijn vriend, want we staan op het punt diep in het doolhof van managementverantwoordelijkheden te duiken.

Laten we het eerst hebben over het grote geheel. Als manager ben je niet zomaar een radertje in de machine; Jij bent degene die het schip bestuurt. Ja, dat klopt, jij bent nu de kapitein. Het is jouw taak om de koers uit te stippelen, de richting te bepalen en ervoor te zorgen dat iedereen aan boord in dezelfde richting roeit. Klinkt als een hele opgave, hè? Nou ja, dat is het ook, maar maak je geen zorgen, we zullen het in hapklare stukjes opsplitsen.

Een van de belangrijkste dingen die u als manager gaat doen, is het stellen van doelen en doelstellingen. Zie het als het uitstippelen van een koers op een kaart. Waar wil je heen? Wat wil je bereiken? Dit zijn de vragen die u moet beantwoorden. Zodra je je doelen hebt vastgesteld, is het tijd om de troepen te verzamelen en iedereen aan boord te krijgen. Communicatie is hier de sleutel, mijn vriend. Je moet ervoor zorgen dat iedereen weet wat er van hen wordt verwacht en hoe hun rol in het grotere geheel past.

Maar het stellen van doelen is nog maar het begin. Als manager ben je er ook verantwoordelijk voor dat die doelen ook daadwerkelijk worden behaald. Dat betekent dat u de voortgang nauwlettend in de gaten moet houden, de prestaties moet bijhouden en indien nodig de koers moet corrigeren. Het is alsof je de coach bent van een sportteam: je moet de bal in de gaten houden en ervoor zorgen dat iedereen zijn beste spel speelt.

Natuurlijk gaat managen niet alleen over het stellen van doelen en het slaan van de zweep. Het gaat ook om het ondersteunen van uw team en hen helpen groeien en ontwikkelen. Dat betekent het geven van feedback, coaching en mentorschap. Beschouw jezelf als een tuinman: je moet je team koesteren en hen helpen bloeien.

Maar wacht, er is meer! Als manager ben je ook verantwoordelijk voor het creëren van een positieve werkomgeving. Dat betekent het bevorderen van een cultuur van samenwerking, vertrouwen en respect. Jij moet de lijm zijn die het team bij elkaar houdt, de cheerleader die het moreel hoog houdt, en de stem van de rede als de spanningen oplaaien. Het is een zware klus, maar ja, iemand moet het doen.

En laten we de minder leuke dingen niet vergeten, zoals het omgaan met conflicten en het oplossen van problemen. Ja, als manager ben je ook de plaatselijke brandweerman. Als er iets misgaat, ben jij degene die moet ingrijpen en de boel moet redden. Of het nu gaat om het bemiddelen in een geschil tussen teamleden of het vinden van een oplossing voor een mislukt project, je moet snel op de been zijn en kalm blijven onder druk.

Maar goed, het is niet allemaal kommer en kwel. Manager zijn brengt ook een behoorlijk aantal voordelen met zich mee. Om te beginnen beschikt u over meer autonomie en autoriteit dan de gemiddelde werknemer. Je krijgt ook de kans om een echte impact te maken, niet alleen op je team, maar op de organisatie als geheel. En laten we het salaris niet vergeten. Ja, manager zijn gaat vaak gepaard met een hoger salaris en betere arbeidsvoorwaarden. Niet te armoedig, hè?

Dus daar heb je het: de rol van een manager in een notendop. Het is een uitdagende, veeleisende en soms ronduit stressvolle baan. Maar het is ook ongelooflijk de moeite waard. Dus stroop je mouwen op, scherp je potloden en bereid je voor om met je hoofd in de wilde en wondere wereld van management te duiken. Je hebt dit!

Overgang naar management: navigeren door de verschuiving van peer naar leider

Oké, laten we het hebben over de grote sprong: de overgang van gewoon een teamlid naar het in de schoenen van een manager stappen. Het is een reis vol spanning, uitdagingen en heel veel leren. Dus pak een kop koffie en ga even zitten terwijl we dieper ingaan op wat het betekent om de sprong van peer naar leider te maken.

Laten we eerst eens kijken naar de olifant in de kamer: het gevreesde bedriegersyndroom. Je weet waar ik het over heb: dat knagende gevoel dat je niet geschikt bent voor de baan, dat je maar doet alsof totdat je het wel haalt. Nou, raad eens? Je bent niet alleen. Vrijwel elke nieuwe manager heeft ooit hetzelfde gevoeld. Maar het punt is: je zou geen promotie hebben gekregen als je baas niet in je geloofde. Haal dus diep adem, houd je hoofd hoog en onthoud dat je alles in huis hebt om te slagen.

Laten we het nu hebben over mentaliteit. Bij de overstap naar management gaat het niet alleen om het leren van nieuwe vaardigheden; het gaat ook over het aannemen van een nieuwe mentaliteit. Je bent niet langer alleen verantwoordelijk voor je eigen werk; je bent nu verantwoordelijk voor het werk van anderen. Dat betekent dat je je focus verlegt van 'ik' naar 'wij'. Het betekent minder nadenken over hoe u uw eigen carrière vooruit kunt helpen, en meer over hoe u uw team kunt helpen slagen. Het is een subtiele maar belangrijke verandering, een die het verschil kan maken in uw effectiviteit als manager.

Laten we het vervolgens hebben over grenzen. Als nieuwe manager kan het verleidelijk zijn om te proberen de beste vriend van iedereen te zijn, om de grenzen tussen baas en vriend te vervagen. Maar het punt is dat manager zijn soms moeilijke beslissingen moet nemen, en dat is een stuk moeilijker als je te dicht bij je teamleden staat. Dus hoewel het belangrijk is om benaderbaar en ondersteunend te zijn, is het ook belangrijk om een bepaalde professionele afstand te bewaren. Dat betekent niet dat je afstandelijk of ongenaakbaar moet zijn, maar wel dat je duidelijke grenzen moet stellen en je eraan moet houden.

Laten we het nu over communicatie hebben. Als manager is effectieve communicatie absoluut cruciaal. Je moet je verwachtingen duidelijk kunnen verwoorden, constructieve feedback kunnen geven en kunnen luisteren naar de zorgen en ideeën van je teamleden. Maar het punt is: communicatie gaat niet alleen over wat je zegt; het gaat er ook om hoe je het zegt. Als manager wegen uw woorden zwaar, dus kies ze zorgvuldig. Let op uw toon, uw lichaamstaal en uw houding. Houd er rekening mee dat communicatie tweerichtingsverkeer is, dus zorg ervoor dat u niet alleen met uw team praat, maar ook luistert naar wat zij te zeggen hebben.

Natuurlijk gaat communicatie niet alleen over woorden, maar ook over daden. Als leidinggevende zet jouw gedrag de toon voor jouw team. Geef dus het goede voorbeeld. Kom op tijd, haal uw deadlines en behandel uw teamleden met respect. Wees het soort leider dat je zou willen volgen.

Laten we het nu hebben over delegatie. Als nieuwe manager kan het verleidelijk zijn om te proberen alles zelf te doen en elk klein detail op microniveau te beheren. Maar het punt is: dat is een recept voor een burn-out. Als manager is het niet jouw taak om het werk te doen; het is om ervoor te zorgen dat het werk gedaan wordt. Dat betekent effectief leren delegeren. Identificeer de sterke en zwakke punten van uw teamleden en wijs de taken dienovereenkomstig toe. En vertrouw er dan op dat ze de klus klaren. In het begin kan het eng zijn, maar onthoud: je hebt je teamleden met een reden aangenomen. Geef ze de kans om te schitteren.

Oké, laten we het over feedback hebben. Als manager is het geven van feedback een van je belangrijkste verantwoordelijkheden. Of het nu gaat om lof voor goed uitgevoerd werk of opbouwende kritiek voor werk dat verbetering behoeft, feedback helpt uw teamleden groeien en ontwikkelen. Maar het punt is: feedback gaat niet alleen over het aangeven van wat er mis is gegaan; het gaat ook over het vieren van wat goed ging. Vergeet dus niet om krediet te geven waar krediet verschuldigd is. En onthoud: feedback moet altijd specifiek, actueel en uitvoerbaar zijn. Vertel uw teamleden niet alleen dat ze het beter moeten doen; laat ze zien hoe.

Laten we het nu hebben over besluitvorming. Als manager wordt u regelmatig geconfronteerd met lastige beslissingen. Sommige zullen gemakkelijk zijn, sommige zullen moeilijk zijn, en sommige zullen je 's nachts wakker houden. Maar het punt is: beslissingen vermijden is geen optie. Als manager moet je bereid zijn moeilijke keuzes te maken, zelfs als ze niet populair zijn. Dat betekent niet dat u beslissingen in een vacuüm moet nemen; het betekent dat u alle relevante informatie moet verzamelen, de voor- en nadelen moet afwegen en vervolgens de best mogelijke beslissing moet nemen op basis van de informatie die u heeft. En onthoud: niet elke beslissing zal een homerun zijn, en dat is oké. Leer van je fouten, pas de koers indien nodig aan en blijf vooruitgaan.

Oké, laten we het hebben over timemanagement. Als manager is uw tijd kostbaar en er is nooit genoeg tijd. Dat betekent dat u meedogenloos moet zijn in het prioriteren van uw taken en het effectief beheren van uw tijd. Identificeer uw topprioriteiten en concentreer u daar eerst op. Delegeer of stel minder belangrijke taken uit. En vergeet niet om tijd in te bouwen voor pauzes en zelfzorg. Vergeet niet dat je niet uit een leeg kopje kunt schenken, dus zorg ervoor dat je ook goed voor jezelf zorgt.

Laten we het nu hebben over zelfbewustzijn. Als manager is het belangrijk om uw sterke en zwakke punten, uw blinde vlekken en vooroordelen te kennen. Neem de tijd om na te denken over uw eigen gedrag en de impact ervan op uw team. Sta open voor feedback en wees bereid toe te geven als je een fout hebt gemaakt. En onthoud: niemand is perfect: we zijn allemaal werk in uitvoering.

Oké, laten we dit afronden. De overstap naar management is een reis vol ups en downs, uitdagingen en triomfen. Maar met de juiste mentaliteit, vaardigheden en ondersteuning heb je alles wat nodig is om te slagen. Dus stroop je mouwen op, graaf erin en bereid je voor om leiding te geven. Je hebt dit!

Kernmanagementvaardigheden: de bouwstenen van effectief leiderschap

Oké, laten we overgaan tot de kern van de zaak en praten over de kern van de zaak: de belangrijkste managementvaardigheden die je nodig hebt om te slagen in je rol als leider. We hebben het over de fundamentele vaardigheden die je voorbereiden op succes, of je nu leiding geeft aan een team van twee of twintig mensen, of je nu leiding geeft aan een klein project of aan een hele afdeling. Pak dus pen en papier, want we staan op het punt om diep te duiken in wat er nodig is om een geweldige manager te zijn.

Laten we het eerst hebben over communicatie. Als manager is effectieve communicatie absoluut cruciaal. Je moet je verwachtingen duidelijk kunnen verwoorden, constructieve feedback kunnen geven en kunnen luisteren naar de zorgen en ideeën van je teamleden. Maar het punt is: communicatie gaat niet alleen over wat je zegt; het gaat er ook om hoe je het zegt. Als manager wegen uw woorden zwaar, dus kies ze zorgvuldig. Let op uw toon, uw lichaamstaal en uw houding. Houd er rekening mee dat communicatie tweerichtingsverkeer is, dus zorg ervoor dat u niet alleen met uw team praat, maar ook luistert naar wat zij te zeggen hebben.

Laten we het vervolgens hebben over besluitvorming. Als manager wordt u regelmatig geconfronteerd met lastige beslissingen. Sommige zullen gemakkelijk zijn, sommige zullen moeilijk zijn, en sommige zullen je 's nachts wakker houden. Maar het punt is: beslissingen vermijden is geen optie. Als manager moet je bereid zijn moeilijke keuzes te maken, zelfs als ze niet populair zijn. Dat betekent niet dat u beslissingen in een vacuüm moet nemen; het betekent dat u alle relevante informatie moet verzamelen, de voor- en nadelen moet afwegen en vervolgens de best mogelijke beslissing moet nemen op basis van de informatie die u heeft. En onthoud: niet elke beslissing zal een homerun zijn, en dat is oké. Leer van je fouten, pas de koers indien nodig aan en blijf vooruitgaan.

Laten we het nu hebben over delegatie. Als nieuwe manager kan het verleidelijk zijn om te proberen alles zelf te doen en elk klein detail op microniveau te beheren. Maar het punt is: dat is een recept voor een burn-out. Als manager is het niet jouw taak om het werk te doen; het is om ervoor te zorgen dat het werk gedaan wordt. Dat betekent effectief leren delegeren. Identificeer de sterke en zwakke punten van uw teamleden en wijs de taken dienovereenkomstig toe. En vertrouw er dan op dat ze de klus klaren. In het begin kan het eng zijn, maar onthoud: je hebt je teamleden met een reden aangenomen. Geef ze de kans om te schitteren.

Oké, laten we het over feedback hebben. Als manager is het geven van feedback een van je belangrijkste verantwoordelijkheden. Of het nu gaat om lof voor goed uitgevoerd werk of opbouwende kritiek voor werk dat verbetering behoeft, feedback helpt uw teamleden groeien en ontwikkelen. Maar het punt is: feedback gaat niet alleen over het aangeven van wat er mis is gegaan; het gaat ook over het vieren van wat goed ging. Vergeet dus niet om krediet te geven waar krediet verschuldigd is. En onthoud: feedback moet altijd specifiek, actueel en uitvoerbaar zijn. Vertel uw teamleden niet alleen dat ze het beter moeten doen; laat ze zien hoe.

Laten we het nu hebben over timemanagement. Als manager is uw tijd kostbaar en er is nooit genoeg tijd. Dat betekent dat u meedogenloos moet zijn in het prioriteren van uw taken en het effectief beheren van uw tijd. Identificeer uw topprioriteiten en concentreer u daar eerst op. Delegeer of stel minder belangrijke taken uit. En vergeet niet om tijd in te bouwen voor pauzes en zelfzorg. Vergeet niet dat je niet uit een leeg kopje kunt schenken, dus zorg ervoor dat je ook goed voor jezelf zorgt.

Laten we het nu hebben over leiderschap. Als manager ben je niet alleen maar een baas; jij bent een leider. Dat betekent dat u uw teamleden inspireert, motiveert en in staat stelt hun beste werk te doen. Het betekent het goede voorbeeld geven, de toon zetten voor uw team en een positieve werkomgeving creëren waarin iedereen zich gewaardeerd en gesteund voelt. Maar het punt is: leiderschap gaat niet over de luidste stem in de kamer zijn of over alle antwoorden beschikken. Het gaat over nederigheid, empathie en de bereidheid om de handen uit de mouwen te steken als dat nodig is. Het gaat om het opbouwen van vertrouwen en het bevorderen van samenwerking. Het gaat erom de unieke sterke punten en talenten van elk individu in uw team te herkennen en hen te helpen hun volledige potentieel te bereiken.

Laten we het tenslotte hebben over aanpassingsvermogen. Als manager zul je regelmatig met onverwachte uitdagingen, veranderingen en curveballs te maken krijgen. Dat is gewoon de aard van het beestje. Het is dus belangrijk om flexibel en aanpasbaar te zijn en met de stoten om te kunnen gaan. Dat betekent dat je openstaat voor nieuwe ideeën, bereid bent nieuwe benaderingen uit te proberen en in staat bent om te schakelen als de zaken niet volgens plan verlopen. Het betekent veerkrachtig zijn bij tegenslagen en in staat zijn om terug te komen na tegenslagen. Vergeet niet dat verandering onvermijdelijk is, maar hoe u erop reageert, is aan u.

Oké, dus daar heb je het: de belangrijkste managementvaardigheden die je nodig hebt om als leider te slagen. Communicatie, besluitvorming, delegatie, feedback, timemanagement, leiderschap en aanpassingsvermogen. Beheers deze vaardigheden en je bent goed op weg om het soort manager te worden dat mensen met trots volgen. Dus stroop je mouwen op, graaf erin en bereid je voor om leiding te geven. Je hebt dit!

Werving en aanwerving: bouw uw droomteam

Oké, laten we eens kijken naar een van de meest cruciale aspecten van het managerschap: werving en selectie. Het opbouwen van een sterk team is als het bouwen van een huis; het begint allemaal met een solide basis. Dus pak je veiligheidshelm en je gereedschapskist, want we staan op het punt de basis te leggen voor het vinden en aannemen van het beste talent dat er is.

Laten we eerst eens praten over het belang van rekrutering. Uw team is zo sterk als de zwakste schakel, dus het is van cruciaal belang om tijd en moeite te investeren in het vinden van de juiste mensen voor de taak. Maar het punt is: rekrutering gaat niet alleen over het vervullen van een functie; het gaat om het vinden van de perfecte pasvorm. Je bent niet alleen op zoek naar iemand die de klus kan klaren; je zoekt iemand die daarin kan excelleren, iemand die jouw waarden en jouw visie voor het team deelt.

Dus, hoe vind je deze ongrijpbare eenhoorns? Nou, het begint allemaal met weten wat je zoekt. Voordat u zelfs maar nadenkt over het plaatsen van een vacature, moet u de tijd nemen om de functie en de vereisten ervan duidelijk te definiëren. Welke vaardigheden en ervaring zijn essentieel? Naar welke persoonlijkheidskenmerken ben je op zoek? Welke waarden en culturele aansluiting zijn belangrijk voor uw team? Zodra u een duidelijk beeld heeft van wat u zoekt, is het tijd om uw doel te bereiken en kandidaten aan te trekken.

Een van de meest effectieve manieren om toptalent aan te trekken is via uw vacatures. Zie het als een verkooppraatje: u wilt de voordelen van het werken voor uw team onder de aandacht brengen, en u wilt de baan zo aantrekkelijk mogelijk laten klinken. Zorg ervoor dat u alle essentiële details vermeldt, zoals de functietitel, verantwoordelijkheden, kwalificaties en eventuele extraatjes of voordelen. En vergeet niet om een beetje persoonlijkheid in uw berichten te injecteren. U wilt tenslotte kandidaten aantrekken die niet alleen gekwalificeerd zijn, maar ook enthousiast zijn over de kans om zich bij uw team aan te sluiten.

Maar het plaatsen van een vacature is nog maar het begin. Om echt toptalent aan te trekken, moet je daar zijn waar de kandidaten zijn. Dat betekent dat u uw netwerk moet benutten, branche-evenementen moet bijwonen en gebruik moet maken van online platforms zoals LinkedIn en vacaturesites. Wees niet bang om creatief te worden; denk buiten de gebaande paden en verken onconventionele kanalen om talent te vinden.

Zodra u een grote groep kandidaten heeft aangetrokken, is het tijd om de handen uit de mouwen te steken en het screeningproces te starten. Hier scheid je het kaf van het koren, de diamanten van het ruwe. Begin met het beoordelen van cv's en sollicitatiebrieven, op zoek naar kandidaten die voldoen aan de basiskwalificaties voor de functie. Maar stop daar niet – graaf dieper. Zoek naar bewijs van prestaties en prestaties, niet alleen naar een waslijst met taken. En vergeet niet op de kleine details te letten: spelfouten, opmaakproblemen en andere waarschuwingssignalen kunnen een teken zijn van slordigheid of gebrek aan aandacht voor detail.

Zodra u uw kandidatenbestand heeft beperkt, is het tijd om door te gaan naar de volgende fase: sollicitatiegesprekken. Dit is uw kans om de kandidaten op een dieper niveau te leren kennen, om hun vaardigheden, hun ervaring en hun fit met uw team te beoordelen. Maar onthoud: sollicitatiegesprekken zijn tweerichtingsverkeer. Het gaat er niet alleen om de kandidaat te bestoken met vragen; het gaat er ook om dat je ze de kans geeft om vragen te stellen en meer te weten te komen over de rol en je team. Zorg er dus voor dat u een gastvrije en boeiende omgeving creëert en bereid bent eventuele vragen te beantwoorden.

Maar interviews zijn slechts een stukje van de puzzel. Om echt te beoordelen of een kandidaat geschikt is voor de functie, is het belangrijk om verder te gaan dan het traditionele interviewformat. Overweeg om praktische oefeningen, casestudies of werksimulaties in uw wervingsproces op te nemen. Deze kunnen waardevolle inzichten opleveren in de vaardigheden, het probleemoplossend vermogen en de culturele fit van een kandidaat.

Oké, dus je hebt je droomkandidaat gevonden, wat nu? Nou, het is tijd om de deal te bezegelen. Maar voordat u een bod uitbrengt, moet u de referenties controleren en eventuele antecedentenonderzoeken uitvoeren. U wilt er zeker van zijn dat u iemand inhuurt die niet alleen gekwalificeerd is, maar ook betrouwbaar.

Nadat u uw due diligence heeft gedaan, is het tijd om het bod uit te brengen. Zorg ervoor dat u de arbeidsvoorwaarden duidelijk schetst, inclusief salaris, voordelen, startdatum en andere relevante details. En vergeet niet uw enthousiasme te uiten over het feit dat zij zich bij uw team voegen. U wilt immers dat zij net zo enthousiast zijn over de mogelijkheid als u.

Oké, dus daar heb je het: werving en aanwerving in een notendop. Het is een uitdagend en tijdrovend proces, maar met de juiste aanpak en een beetje doorzettingsvermogen kun je een team opbouwen dat capabel, gemotiveerd en klaar is om de wereld aan te gaan. Dus stroop je mouwen op, ga eropuit en begin met het samenstellen van je droomteam. De toekomst ligt voor het oprapen!

Onboarding van nieuwe medewerkers: de weg bereiden voor succes

Oké, je hebt zojuist een nieuwe medewerker aangenomen. Gefeliciteerd! Maar wacht even, want het echte werk begint nog maar net. Nu komt de cruciale taak om ze in uw team te integreren en ze klaar te stomen voor succes. Effectief onboarden is als het leggen van de basis voor een nieuw gebouw: het vormt de basis voor alles wat daarna komt. Dus pak je veiligheidshelm en je blauwdrukken, want we staan op het punt om diep in de kunst van het onboarden van nieuwe medewerkers te duiken.

Laten we eerst eens praten over het belang van onboarding. Onderzoek toont aan dat effectieve onboarding een aanzienlijke impact kan hebben op het behoud, de productiviteit en de tevredenheid van medewerkers. Het is zelfs waarschijnlijker dat werknemers die een gestructureerd onboarding-proces doorlopen, langdurig bij het bedrijf blijven en op een hoger niveau presteren dan degenen die dat niet doen. Tijd en moeite investeren in onboarding is dus niet alleen een 'nice-to-have', maar een must-have.

Oké, dus nu we hebben vastgesteld waarom onboarding belangrijk is, laten we het hebben over hoe we het goed kunnen doen. Bij effectieve onboarding gaat het erom dat nieuwe medewerkers zich welkom, gewaardeerd en voorbereid voelen om aan de slag te gaan. Het gaat erom hen te helpen integreren in het team, hun rol en verantwoordelijkheden te begrijpen en vertrouwen te hebben in hun vermogen om te slagen.

Een van de eerste stappen in het onboardingproces is het creëren van een gastvrije omgeving voor uw nieuwe medewerker. Zie het als het uitrollen van de rode loper: je wilt ze vanaf dag één het gevoel geven dat ze een VIP zijn. Dit betekent dat ze bij aankomst hartelijk moeten worden begroet, dat ze aan hun collega's moeten worden voorgesteld en dat ze een rondleiding door het kantoor moeten krijgen. Zorg ervoor dat u hun werkruimte van tevoren inricht met alle tools en bronnen die ze nodig hebben om aan de slag te gaan.

Laten we het nu over papierwerk hebben. Ik weet het, ik weet het, dit is niet het meest opwindende deel van onboarding, maar het is niettemin belangrijk. Zorg ervoor dat u al het benodigde papierwerk bij de hand heeft dat uw nieuwe werknemer op de eerste dag moet invullen, inclusief belastingformulieren, loongegevens en andere vereiste documenten. U kunt dit proces stroomlijnen door vooraf elektronische formulieren aan te bieden en indien nodig hulp te bieden.

Oké, nu het papierwerk achter de rug is, is het tijd om in de kern van het werk te duiken. Hier laat u uw nieuwe medewerker kennismaken met zijn rol en verantwoordelijkheden en geeft u hem de informatie en training die hij nodig heeft om te slagen. Zorg ervoor dat u de basisbeginselen behandelt, zoals het beleid en de procedures van het bedrijf, evenals eventuele specifieke verwachtingen voor hun rol. En vergeet niet om ze een mentor of buddy toe te wijzen die hen kan helpen tijdens de eerste paar weken op het werk.

Maar bij onboarding gaat het niet alleen om het bombarderen van uw nieuwe medewerker met informatie, het gaat ook om het bevorderen van verbindingen en het opbouwen van relaties. Neem de tijd om één-op-één vergaderingen te plannen met de belangrijkste belanghebbenden, inclusief hun manager, teamgenoten en andere collega's met wie ze nauw samenwerken. Deze bijeenkomsten bieden uw nieuwe medewerker de gelegenheid om vragen te stellen, hun collega's te leren kennen en te beginnen met het opbouwen van die uiterst belangrijke relaties.

Oké, laten we het over training hebben. Als onderdeel van het onboardingproces is het belangrijk om uw nieuwe medewerker de training te geven die hij nodig heeft om uit te blinken in zijn rol. Dit kunnen formele trainingssessies, meeloopmogelijkheden of praktische ervaring met belangrijke taken en projecten omvatten. Zorg ervoor dat u de training afstemt op de leerstijl en het tempo van uw nieuwe medewerker, en zorg voor voldoende mogelijkheden voor feedback en ondersteuning onderweg.

Uiteraard stopt de onboarding niet na de eerste dag of zelfs de eerste week. Effectieve onboarding is een continu proces dat weken, maanden of zelfs langer duurt, afhankelijk van de complexiteit van de rol. Zorg ervoor dat u regelmatig contact opneemt met uw nieuwe medewerker om te zien hoe het met hem of haar gaat, eventuele vragen of zorgen te beantwoorden en indien nodig aanvullende ondersteuning of training te bieden.

Oké, laten we dit afronden. Het inwerken van nieuwe medewerkers is een cruciale stap om ze succesvol te maken en ervoor te zorgen dat ze zich vanaf dag één welkom en gewaardeerd voelen. Door een gastvrije omgeving te creëren, de nodige informatie en training te bieden, verbindingen en relaties te bevorderen en voortdurende ondersteuning en feedback te bieden, kunt u uw nieuwe medewerkers helpen een vliegende start te maken en waardevolle leden van uw team te worden. Rol dus de rode loper uit, verwelkom uw nieuwe medewerker met open armen en bereid u voor om hem te zien opbloeien. De toekomst is helder!

Teamdynamiek opbouwen: samenwerking, vertrouwen en succes bevorderen

Oké, laten we het hebben over een van de belangrijkste aspecten van het managerschap: het opbouwen van een sterke teamdynamiek. Jouw team is als een goed geoliede machine; als iedereen soepel samenwerkt, kun je geweldige dingen bereiken. Maar het opbouwen van die dynamiek gebeurt niet van de ene op de andere dag; het kost tijd, moeite en heel wat doelgerichtheid. Pak dus je gereedschapskist en je veiligheidshelm, want we staan op het punt om diep in de kunst van het bouwen van effectieve teamdynamiek te duiken.

Laten we eerst eens praten over het belang van teamdynamiek. Onderzoek toont aan dat teams met een sterke dynamiek productiever, innovatiever en veerkrachtiger zijn in het licht van uitdagingen. Ze zijn beter in staat om effectief samen te werken, te communiceren en problemen op te lossen. Met andere woorden: een sterke teamdynamiek is de geheime saus die uw team van goed naar geweldig kan brengen.

Dus, hoe bouw je aan een sterke teamdynamiek? Het begint allemaal met het bevorderen van een cultuur van samenwerking en vertrouwen. Uw teamleden moeten zich veilig voelen om hun mening te uiten, hun ideeën te delen en risico's te nemen zonder angst voor oordeel of represailles. Dat betekent het creëren van een omgeving waarin ieders stem wordt gehoord en gewaardeerd, waar feedback constructief en respectvol is, en waar diversiteit in gedachten en perspectieven wordt gevierd.

Een van de beste manieren om samenwerking en vertrouwen te bevorderen is door middel van teambuildingactiviteiten. Deze kunnen zo simpel zijn als ijsbrekerspellen of zo uitgebreid als retraites op afstand. Het gaat erom te ontdekken wat voor uw team werkt. Het doel is om kansen te creëren voor uw teamleden om elkaar op een dieper niveau te leren kennen, een goede verstandhouding op te bouwen en hun verbindingen te versterken. Of het nu gaat om een speurtocht, een touwenparcours of een rondje teamtrivia, de sleutel is om ervaringen te creëren die leuk, boeiend en betekenisvol zijn.

Maar teambuildingactiviteiten zijn slechts een stukje van de puzzel. Het opbouwen van een sterke teamdynamiek vereist ook voortdurende inspanningen en investeringen in het opbouwen van relaties. Dat betekent dat u regelmatig teamvergaderingen, één-op-één check-ins en informele bijeenkomsten buiten het werk moet plannen. Het betekent dat u de tijd neemt om naar de zorgen van uw teamleden te luisteren, hun successen te vieren en ondersteuning te bieden wanneer dat nodig is. En het betekent het goede voorbeeld geven en het soort gedrag modelleren dat u in uw team wilt zien.

Oké, laten we het over communicatie hebben. Effectieve communicatie is absoluut cruciaal voor het opbouwen van een sterke teamdynamiek. Uw teamleden moeten vrij en open informatie, ideeën en feedback kunnen delen. Dat betekent dat er communicatiekanalen moeten worden gecreëerd die duidelijk, transparant en voor iedereen toegankelijk zijn. Of het nu gaat om regelmatige teamvergaderingen, e-mailupdates of een speciaal berichtenplatform, de sleutel is om ervoor te zorgen dat iedereen op één lijn zit en over de informatie beschikt die ze nodig hebben om hun werk effectief te kunnen doen.

Maar communicatie gaat niet alleen over praten, het gaat ook over luisteren. Als manager is het belangrijk om ruimte te creëren voor uw teamleden om hun gedachten, zorgen en ideeën te delen. Dat betekent actief op zoek gaan naar hun inbreng, om feedback vragen en ervoor zorgen dat iedereen de kans krijgt om gehoord te worden. Houd er rekening mee dat communicatie tweerichtingsverkeer is, dus zorg ervoor dat u net zoveel luistert als spreekt.

Laten we het vervolgens hebben over verantwoordelijkheid. Het opbouwen van een sterke teamdynamiek betekent dat iedereen verantwoordelijk wordt gehouden voor zijn daden en zijn bijdragen aan het team. Dat betekent dat u duidelijke verwachtingen moet stellen, rollen en verantwoordelijkheden moet definiëren en regelmatig moet inchecken om de voortgang te beoordelen en feedback te geven. Maar verantwoordelijkheid gaat niet over het wijzen met de vinger of het toewijzen van de schuld. Het gaat over het koesteren van een cultuur van eigenaarschap en verantwoordelijkheid, waarin iedereen trots is op zijn werk en zichzelf en elkaar aan hoge normen houdt.

Natuurlijk vereist het opbouwen van een sterke teamdynamiek ook een gezonde dosis empathie en emotionele intelligentie. Je teamleden zijn mensen, met hun eigen hoop, angsten en ambities. Als manager is het belangrijk om hun individuele verschillen te herkennen en te respecteren, en om gevoelig te zijn voor hun behoeften en gevoelens. Dat betekent empathisch en begripvol zijn, steun en aanmoediging bieden en bereid zijn een luisterend oor te bieden wanneer dat nodig is. Bedenk dat een beetje vriendelijkheid en medeleven een grote bijdrage kunnen leveren aan het opbouwen van vertrouwen en een goede verstandhouding met uw team.

Oké, laten we dit afronden. Het opbouwen van een sterke teamdynamiek is geen eenvoudige opgave, maar met de juiste aanpak en een beetje doorzettingsvermogen kun je een team creëren dat capabel, samenhangend en klaar is om de wereld aan te gaan. Door een cultuur van samenwerking en vertrouwen te bevorderen, te investeren in relaties, open en transparante communicatie te bevorderen, iedereen verantwoordelijk te houden en leiding te geven met empathie en emotionele intelligentie, kun je een team creëren dat groter is dan de som der delen. Dus stroop je mouwen op, ga eropuit en begin met het opbouwen van die dynamiek. De toekomst is helder!

Diversiteit en inclusie: verschillen omarmen, innovatie bevorderen en bouwen aan een betere toekomst

Oké, laten we het hebben over een van de meest cruciale onderwerpen op de hedendaagse werkvloer: diversiteit en inclusiviteit. In een wereld die steeds meer met elkaar verbonden en diverser wordt, is het omarmen van verschillen niet alleen het juiste om te doen, het is ook een slimme zakelijke zet. Dus ga zitten en maak het u gemakkelijk, want we staan op het punt om diep in te gaan op het belang van diversiteit en inclusiviteit op de werkplek.

Laten we eerst onze voorwaarden definiëren. Als we het over diversiteit hebben, hebben we het over meer dan alleen ras en geslacht. Diversiteit omvat een breed scala aan verschillen, inclusief maar niet beperkt tot leeftijd, etniciteit, religie, seksuele geaardheid, handicap, sociaal-economische status en meer. Met andere woorden: diversiteit gaat over het erkennen en vieren van de unieke kenmerken en perspectieven die elk individu met zich meebrengt.

Maar diversiteit is slechts een deel van het geheel. Inclusie is net zo belangrijk. Inclusie gaat over het creëren van een omgeving waarin iedereen zich welkom, gewaardeerd en gerespecteerd voelt, ongeacht achtergrond of identiteit. Het gaat om het bevorderen van een gevoel van verbondenheid, waarbij iedereen zich gesterkt voelt om zijn authentieke zelf te zijn en bij te dragen aan zijn volledige potentieel. Met andere woorden: diversiteit wordt uitgenodigd op het feest, maar inclusie wordt ten dans gevraagd.

Waarom zijn diversiteit en inclusiviteit zo belangrijk op de werkvloer? Om te beginnen zijn diverse teams innovatiever en creatiever. Wanneer je mensen met verschillende achtergronden, ervaringen en perspectieven samenbrengt, is de kans groter dat je met frisse ideeën en oplossingen voor complexe problemen komt.

Diversiteit stimuleert creativiteit, stimuleert innovatie en stimuleert zakelijk succes.

Maar diversiteit en inclusiviteit gaan over meer dan alleen de resultaten. Ze gaan ook over sociale verantwoordelijkheid en ethisch leiderschap. In de steeds diversere en onderling verbonden wereld van vandaag is het niet langer voldoende om lippendienst te bewijzen aan diversiteit en inclusiviteit; het is essentieel om deze actief te promoten en te ondersteunen. Dat betekent het creëren van beleid en praktijken die diversiteit en inclusiviteit bevorderen, het bevorderen van een cultuur van openheid en respect, en het houden van onszelf en anderen verantwoordelijk voor het creëren van een omgeving waarin iedereen kan gedijen.

Oké, laten we het hebben over de voordelen van diversiteit en inclusiviteit op de werkplek. Onderzoek toont aan dat bedrijven met diverse en inclusieve werkplekken succesvoller, winstgevender en competitiever zijn op de markt. Ze trekken toptalent aan, behouden werknemers langer en hebben een hogere mate van medewerkersbetrokkenheid en -tevredenheid. Met andere woorden: diversiteit en inclusiviteit zijn niet alleen goed voor het bedrijfsleven, maar ook voor mensen.

Maar het bouwen van een diverse en inclusieve werkplek is niet altijd eenvoudig. Het vereist toewijding, inspanning en de bereidheid om onze eigen vooroordelen en aannames onder ogen te zien. Het betekent het uitdagen van de status quo, het terugdringen van discriminatie en ongelijkheid en het bepleiten van verandering. Het betekent het creëren van beleid en praktijken die diversiteit en inclusiviteit bevorderen, van werving en selectie tot promotie en leiderschapsontwikkeling. En het betekent het koesteren van een cultuur van openheid, respect en empathie, waarin iedereen zich gewaardeerd en gerespecteerd voelt.

Oké, laten we het hebben over praktische stappen die je kunt nemen om diversiteit en inclusiviteit op je werkplek te bevorderen.

Een van de eerste stappen is om uzelf en uw team te informeren over het belang van diversiteit en inclusiviteit. Dit kan het organiseren van workshops, trainingssessies of discussies over onbewuste vooroordelen, privileges en discriminatie inhouden. Het is belangrijk om een gedeeld begrip te creëren van waarom diversiteit en inclusiviteit belangrijk zijn en hoe ze iedereen ten goede komen.

Laten we het vervolgens hebben over werving en selectie. Het opbouwen van een divers team begint met het aantrekken van een diverse groep kandidaten. Dat betekent dat we een breed netwerk moeten uitwerpen, ondervertegenwoordigde groepen moeten bereiken en toegangsbarrières moeten wegnemen. Het betekent ook het implementeren van praktijken die diversiteit en inclusiviteit bevorderen, zoals blinde screening van cv's, diverse interviewpanels en inclusief taalgebruik in vacatures. En als je eenmaal een divers team hebt aangenomen, is het belangrijk om een inclusief onboardingproces te creëren waarin iedereen zich vanaf dag één welkom en gewaardeerd voelt.

Maar diversiteit en inclusiviteit stoppen niet bij werving en selectie; het zijn voortdurende inspanningen die voortdurende aandacht en investeringen vereisen. Dat betekent het creëren van kansen voor professionele ontwikkeling en vooruitgang voor alle medewerkers, ongeacht hun achtergrond of identiteit. Het betekent het bevorderen van diversiteit in leiderschaps- en besluitvormingsrollen, en ervoor zorgen dat iedereen aan tafel zit. En het betekent het koesteren van een cultuur van openheid, respect en empathie, waarin iedereen zich bevoegd voelt om zich uit te spreken, zijn ideeën te delen en de status quo uit te dagen.

Oké, laten we het hebben over de rol van leiderschap bij het bevorderen van diversiteit en inclusiviteit. Leiders hebben een unieke kans – en een verantwoordelijkheid – om de toon voor hun organisaties te zetten en het goede voorbeeld te geven. Dat betekent het actief bevorderen van diversiteit en inclusiviteit, zowel door hun woorden als door hun daden. Het betekent het opkomen voor diversiteit bij beslissingen over aanwerving en promotie, het pleiten voor beleid en praktijken die gelijkheid en eerlijkheid bevorderen, en het creëren van een cultuur van verantwoordelijkheid waarin iedereen aan dezelfde normen wordt gehouden. En het betekent bereid zijn om naar feedback te luisteren, van fouten te leren en er voortdurend naar te streven om het beter te doen.

Maar het bevorderen van diversiteit en inclusiviteit is niet alleen de verantwoordelijkheid van leiders – het is de verantwoordelijkheid van iedereen. Ieder van ons heeft een rol te spelen bij het creëren van een werkplek waar iedereen zich welkom, gewaardeerd en gerespecteerd voelt. Of het nu gaat om het uitspreken tegen discriminatie, het pleiten voor verandering, of gewoonweg bondgenoot zijn van degenen die ondervertegenwoordigd zijn, we hebben allemaal de macht om een verschil te maken.

Oké, laten we dit afronden. Diversiteit en inclusiviteit zijn niet alleen modewoorden; het zijn essentiële ingrediënten voor het opbouwen van een betere, mooiere toekomst. Door verschillen te omarmen, innovatie te bevorderen en een cultuur van verbondenheid te creëren, kunnen we werkplekken creëren die niet alleen succesvoller en winstgevender zijn, maar ook voor iedereen bevredigender en lonender. Laten we dus onze mouwen opstropen, aan de slag gaan en een wereld opbouwen waarin iedereen de kans heeft om te gedijen. Het is aan ons om de toekomst te creëren.

Training en ontwikkeling: investeren in de groei en het succes van uw team

Oké, laten we eens kijken naar een van de belangrijkste aspecten van het managerschap: training en ontwikkeling. In de snelle wereld van vandaag is verandering de enige constante en het is essentieel om te investeren in de groei en ontwikkeling van uw team om voorop te blijven lopen. Pak dus pen en papier, want we gaan de ins en outs van training en ontwikkeling op de werkvloer verkennen.

Laten we eerst eens kijken waarom training en ontwikkeling zo belangrijk zijn. Kortom: investeren in de groei en ontwikkeling van uw team is niet alleen goed voor hen, maar ook voor uw bedrijf. Werknemers die regelmatig opleidings- en ontwikkelingsmogelijkheden krijgen, zijn meer betrokken, productiever en hebben meer kans om langdurig bij het bedrijf te blijven. Ze zijn ook beter toegerust om zich aan te passen aan nieuwe uitdagingen, kansen te grijpen en innovatie te stimuleren. Met andere woorden: training en ontwikkeling zijn niet alleen maar kosten; ze zijn een investering in het toekomstige succes van uw team (en uw bedrijf).

Oké, dus nu we hebben vastgesteld waarom training en ontwikkeling belangrijk zijn, laten we het hebben over hoe we het goed kunnen doen. Effectieve trainings- en ontwikkelingsprogramma's gaan over meer dan alleen het aanvinken van vakjes of het afvinken van een lijstje met competenties. Ze gaan over het creëren van betekenisvolle leerervaringen die uw teamleden in staat stellen te groeien en slagen. Dat betekent dat u uw trainings- en ontwikkelingsprogramma's moet afstemmen op de specifieke behoeften en doelstellingen van uw teamleden, en dat u mogelijkheden moet bieden voor praktijkgericht leren, feedback en ondersteuning.

Een van de eerste stappen bij het opzetten van een effectief trainings- en ontwikkelingsprogramma is het beoordelen van de behoeften van uw team en het identificeren van verbeterpunten. Dit kan inhouden dat u enquêtes, interviews of prestatiebeoordelingen uitvoert om feedback van uw teamleden te verzamelen over hun vaardigheden, kennis en carrièredoelen. Zodra u verbeterpunten heeft geïdentificeerd, is het tijd om een plan te ontwikkelen om deze aan te pakken.

Maar training en ontwikkeling gaan niet alleen over het aanpakken van zwakke punten, het gaat ook over het voortbouwen op sterke punten. Neem de tijd om de unieke talenten en interesses van uw teamleden te identificeren en bied hen kansen om zich te ontwikkelen en te groeien op gebieden waarin zij uitblinken. Of het nu gaat om formele trainingssessies, mentorprogramma's of leermogelijkheden op de werkvloer, de sleutel is het creëren van een cultuur van voortdurend leren en verbeteren.

Laten we het vervolgens hebben over de verschillende soorten training- en ontwikkelingsprogramma's die u kunt aanbieden. Er zijn talloze opties beschikbaar, variërend van traditionele klassikale trainingen tot online cursussen, workshops, seminars en meer. De sleutel is om het juiste formaat en de juiste bezorgmethode te kiezen voor de behoeften en voorkeuren van uw team. Sommige teamleden geven misschien de voorkeur aan online cursussen in hun eigen tempo, terwijl anderen het goed doen in een meer gestructureerde klassikale setting. Zorg ervoor dat u een verscheidenheid aan opties aanbiedt om tegemoet te komen aan verschillende leerstijlen en voorkeuren.

Maar training en ontwikkeling gaan niet alleen over formele programma's, het gaat ook over het creëren van een cultuur van leren en groei binnen uw team. Moedig uw teamleden aan om hun eigen ontwikkeling in eigen hand te nemen en bied hen kansen om hun interesses en passies buiten het werk na te streven. Of het nu gaat om het bijwonen van brancheconferenties, het aansluiten bij beroepsverenigingen of het deelnemen aan gemeenschapsevenementen, de sleutel is het bevorderen van een mentaliteit van nieuwsgierigheid en levenslang leren.

Natuurlijk zijn training en ontwikkeling geen eenmalige gebeurtenis; het is een voortdurend proces dat voortdurende aandacht en investeringen vereist. Dat betekent dat u uw trainings- en ontwikkelingsprogramma's regelmatig moet herzien en bijwerken om ervoor te zorgen dat ze relevant en effectief blijven. Het betekent ook dat u mogelijkheden biedt voor feedback en evaluatie, zodat u de voortgang van uw team kunt volgen en indien nodig aanpassingen kunt doorvoeren.

Oké, laten we het hebben over de rol van leiderschap bij training en ontwikkeling. Als manager hebt u een unieke kans – en een verantwoordelijkheid – om de groei en ontwikkeling van uw teamleden te ondersteunen en aan te moedigen. Dat betekent het goede voorbeeld geven, prioriteit geven aan training en ontwikkeling binnen uw team en de middelen en ondersteuning bieden die ze nodig hebben om te slagen. Het betekent ook dat je een mentor en coach bent, die onderweg begeleiding, feedback en aanmoediging biedt.

Maar training en ontwikkeling zijn niet alleen de verantwoordelijkheid van leiders – het is de verantwoordelijkheid van iedereen. Ieder van ons heeft een rol te spelen bij het creëren van een cultuur van leren en groei binnen onze teams. Of het nu gaat om het delen van kennis en expertise, het bieden van steun en aanmoediging, of gewoon om een klankbord te zijn voor nieuwe ideeën: we hebben allemaal de kracht om een verschil te maken.

Oké, laten we dit afronden. Training en ontwikkeling zijn essentiële ingrediënten voor het opbouwen van een sterk, succesvol team. Door te investeren in de groei en ontwikkeling van uw team, kunt u hen in staat stellen hun volledige potentieel te bereiken, innovatie te stimuleren en meer succes te behalen. Laten we dus onze mouwen opstropen, aan de slag gaan en een cultuur van leren en groei creëren die iedereen in staat stelt om te slagen. Het is aan ons om de toekomst vorm te geven.

Prestatiemanagement: potentieel maximaliseren, resultaten stimuleren en groei bevorderen

Oké, laten we eens kijken naar een van de belangrijkste aspecten van het managerschap: prestatiemanagement. In een snelle en competitieve wereld is het essentieel om over systemen en processen te beschikken om de prestaties van uw teamleden te evalueren en te verbeteren. Pak dus je notitieblok en pen, want we gaan de ins en outs van prestatiemanagement op de werkvloer verkennen.

Laten we eerst onze voorwaarden definiëren. Als we het hebben over prestatiemanagement, hebben we het over meer dan alleen jaarlijkse reviews of evaluaties. Prestatiemanagement is een holistisch proces dat alles omvat, van het stellen van doelen en verwachtingen tot het geven van feedback, coaching en ondersteuning, tot het erkennen en belonen van prestaties. Met andere woorden, het gaat erom uw teamleden te helpen hun potentieel te maximaliseren, resultaten te behalen en groei en ontwikkeling te bevorderen.

Oké, dus nu we hebben vastgesteld wat prestatiemanagement is, laten we het hebben over waarom het belangrijk is. Effectief prestatiemanagement is om verschillende redenen essentieel. In de eerste plaats zorgt het ervoor dat uw teamleden op één lijn liggen met de doelstellingen van de organisatie. Door duidelijke verwachtingen en doelen te stellen, kunt u uw teamleden helpen begrijpen wat er van hen wordt verwacht en hoe hun werk bijdraagt aan het algehele succes van het team en het bedrijf.

Maar prestatiemanagement gaat niet alleen over het verantwoordelijk houden van uw teamleden, het gaat er ook om hen in staat te stellen succes te boeken. Door regelmatig feedback, coaching en ondersteuning te bieden, kunt u uw teamleden helpen verbeterpunten te identificeren, hun sterke punten te benutten en hun doelen te bereiken. Met andere woorden, prestatiemanagement gaat over het klaarstomen van succes voor uw teamleden en het geven van de tools en ondersteuning die ze nodig hebben om te kunnen gedijen.

Een van de eerste stappen in effectief prestatiemanagement is het stellen van duidelijke, meetbare doelen en verwachtingen. Dit biedt een routekaart die uw teamleden kunnen volgen en geeft hen een duidelijk richtingsgevoel. Zorg ervoor dat u uw teamleden betrekt bij het stellen van doelen en zorg ervoor dat de doelen SMART zijn: specifiek, meetbaar, haalbaar, relevant en tijdgebonden. Dit zorgt ervoor dat uw teamleden gemotiveerd en betrokken zijn en dat ze een duidelijk beeld hebben van wat er van hen wordt verwacht.

Maar het stellen van doelen is nog maar het begin. Effectief prestatiemanagement vereist ook regelmatige feedback en coaching. Zorg ervoor dat u uw teamleden tijdig specifieke feedback geeft over hun prestaties, zowel positief als constructief. Dit helpt hen te begrijpen wat ze goed doen en waar ze kunnen verbeteren, en het laat hen zien dat u in hun succes investeert. Zorg ervoor dat u regelmatig contact opneemt met uw teamleden om hun voortgang te bespreken, eventuele zorgen of uitdagingen waarmee zij worden geconfronteerd aan te pakken en indien nodig begeleiding en ondersteuning te bieden.

Uiteraard gaat prestatiemanagement niet alleen over terugkijken, maar ook over vooruitkijken. Zorg ervoor dat u uw teamleden kansen biedt voor groei en ontwikkeling, of het nu gaat om aanvullende training en opleiding, uitdagende opdrachten of doorgroeimogelijkheden. Door te investeren in de groei en ontwikkeling van uw teamleden, helpt u hen niet alleen hun volledige potentieel te bereiken, maar versterkt u ook uw team en uw organisatie als geheel.

Oké, laten we het hebben over de rol van erkenning en beloningen bij prestatiemanagement. Het erkennen en belonen van de prestaties van uw teamleden is essentieel voor het opbouwen van moreel, motivatie en betrokkenheid. Zorg ervoor dat u de successen van uw teamleden, zowel grote als kleine, viert en laat hen zien dat hun harde werk en toewijding worden gewaardeerd. Of het nu gaat om een eenvoudig bedankje, een shout-out tijdens een teamvergadering of een meer tastbare beloning zoals een bonus of promotie, de sleutel is om ervoor te zorgen dat uw teamleden weten dat hun inspanningen niet onopgemerkt zijn gebleven.

Maar prestatiemanagement is niet alleen de verantwoordelijkheid van managers; het is de verantwoordelijkheid van iedereen. Ieder van ons heeft een rol te spelen bij het creëren van een cultuur van verantwoordelijkheid, feedback en groei binnen onze teams. Of het nu gaat om het stellen van duidelijke doelen en verwachtingen, het geven van regelmatige feedback en ondersteuning, of het erkennen en belonen van prestaties, we hebben allemaal de kracht om een verschil te maken.

Oké, laten we dit afronden. Prestatiemanagement is essentieel voor het maximaliseren van het potentieel, het stimuleren van resultaten en het bevorderen van groei en ontwikkeling binnen uw team. Door duidelijke doelen en verwachtingen te stellen, regelmatig feedback en coaching te geven en prestaties te erkennen en te belonen, kunt u uw teamleden helpen slagen en bloeien. Laten we dus onze mouwen opstropen, aan de slag gaan en een cultuur van verantwoordelijkheid, feedback en groei creëren die iedereen in staat stelt zijn volledige potentieel te bereiken. De toekomst is helder!

Motivatie en betrokkenheid: passie aanwakkeren, toewijding bevorderen en succes stimuleren

Oké, laten we eens kijken naar een van de belangrijkste aspecten van het managen van een team: motivatie en betrokkenheid. In de snelle wereld van vandaag, waar veel afleiding is en de eisen hoog zijn, is het essentieel om uw teamleden gemotiveerd en betrokken te houden om succes te behalen. Laten we dus onze mouwen opstropen en de ins en outs verkennen van het motiveren en betrekken van uw team.

Laten we eerst onze voorwaarden definiëren. Als we het hebben over motivatie, hebben we het over meer dan alleen prikkels of beloningen. Motivatie gaat over het aanboren van de intrinsieke drijfveren en passies van uw teamleden, en hen inspireren om het beste van zichzelf te geven en een stap verder te gaan. Het gaat erom een omgeving te creëren waarin uw teamleden zich elke dag gesterkt, gewaardeerd en enthousiast voelen om naar hun werk te komen.

Maar motivatie alleen is niet genoeg; je hebt ook betrokkenheid nodig. Betrokkenheid gaat over meer dan alleen maar verschijnen en de bewegingen doorlopen. Het gaat erom volledig aanwezig te zijn, emotioneel betrokken te zijn en toegewijd te zijn aan het succes van uw team en de organisatie. Het gaat over het gevoel dat je een doel hebt en erbij hoort, en dat je betekenis en vervulling vindt in je werk.

Oké, dus nu we onze voorwaarden hebben gedefinieerd, laten we het hebben over waarom motivatie en betrokkenheid zo belangrijk zijn. Om te beginnen zijn gemotiveerde en betrokken werknemers productiever, innovatiever en veerkrachtiger in het licht van uitdagingen. Het is ook waarschijnlijker dat ze langdurig bij het bedrijf blijven en bijdragen aan het succes ervan. Met andere woorden: motivatie en betrokkenheid zijn niet alleen maar leuk om te hebben;

het zijn essentiële ingrediënten voor het stimuleren van succes en het bereiken van uw doelen.

Hoe ga je om met het motiveren en betrekken van je team? Nou, het begint allemaal met begrijpen wat jouw teamleden drijft. Iedereen wordt gemotiveerd door verschillende dingen; sommigen worden misschien gedreven door een gevoel van doel en betekenis, terwijl anderen gemotiveerd worden door erkenning, beloningen of kansen op groei en vooruitgang. Neem de tijd om uw teamleden op persoonlijk niveau te leren kennen en ontdek wat hen motiveert en waar ze gepassioneerd over zijn.

Zodra u heeft vastgesteld wat uw teamleden motiveert, is het tijd om die intrinsieke drijfveren en passies aan te boren. Dit kan inhouden dat u uitdagende doelen stelt die de capaciteiten van uw teamleden vergroten en hen uit hun comfortzone halen. Het kan gaan om het bieden van mogelijkheden voor autonomie en empowerment, waardoor uw teamleden de verantwoordelijkheid voor hun werk kunnen nemen en zelfstandig beslissingen kunnen nemen. Het kan gaan om het erkennen en vieren van prestaties, zowel grote als kleine, en om uw teamleden te laten zien dat hun harde werk en toewijding niet onopgemerkt zijn gebleven.

Maar motivatie en betrokkenheid gaan niet alleen over wat je doet, maar ook over hoe je het doet. Het creëren van een positieve werkomgeving waarin uw teamleden zich gewaardeerd, gerespecteerd en ondersteund voelen, is essentieel voor het bevorderen van motivatie en betrokkenheid. Hierbij kan het gaan om het bevorderen van de balans tussen werk en privéleven, het bieden van mogelijkheden voor professionele ontwikkeling en groei, en het bevorderen van een cultuur van openheid, vertrouwen en samenwerking. Het gaat om het creëren van een gevoel van verbondenheid en kameraadschap, waarbij iedereen het gevoel heeft deel uit te maken van iets dat groter is dan zijzelf.

Uiteraard zijn motivatie en betrokkenheid niet iets eenmaligs; het zijn een voortdurend proces dat voortdurende aandacht en investeringen vereist. Dat betekent dat u regelmatig contact opneemt met uw teamleden om te zien hoe het met hen gaat, dat u steun en aanmoediging biedt wanneer dat nodig is, en dat u bereid bent te luisteren naar hun zorgen en ideeën. Het betekent ook dat u openstaat voor feedback en bereid bent om indien nodig aanpassingen door te voeren om uw teamleden gemotiveerd en betrokken te houden.

Oké, laten we het hebben over de rol van leiderschap bij het motiveren en betrekken van uw team. Als manager hebt u een unieke kans – en een verantwoordelijkheid – om uw teamleden te inspireren en in staat te stellen hun beste werk te doen. Dat betekent het goede voorbeeld geven, passie en enthousiasme voor uw werk tonen en uw teamleden laten zien dat u in hen en hun capaciteiten gelooft. Het betekent ook het bieden van mogelijkheden voor groei en ontwikkeling, het bieden van ondersteuning en aanmoediging, en het creëren van een positieve werkomgeving waarin uw teamleden zich gewaardeerd, gerespecteerd en bevoegd voelen om te slagen.

Maar het motiveren en betrekken van uw team is niet alleen de verantwoordelijkheid van leiders; het is de verantwoordelijkheid van iedereen. Ieder van ons heeft een rol te spelen bij het creëren van een cultuur van motivatie en betrokkenheid binnen onze teams. Of het nu gaat om het erkennen en vieren van prestaties, het bieden van steun en aanmoediging, of gewoonweg een positieve en ondersteunende aanwezigheid, we hebben allemaal de kracht om een verschil te maken.

Oké, laten we dit afronden. Motivatie en betrokkenheid zijn essentiële ingrediënten voor succes en het bereiken van uw doelen. Door gebruik te maken van de intrinsieke drijfveren en passies van uw teamleden, door een positieve werkomgeving te creëren waarin zij zich gewaardeerd en ondersteund voelen, en door mogelijkheden te bieden voor groei en ontwikkeling, kunt u uw teamleden helpen hun volledige potentieel te bereiken en geweldige dingen te bereiken. Laten we dus onze mouwen opstropen, aan de slag gaan en een cultuur van motivatie en betrokkenheid creëren die iedereen in staat stelt om te slagen. De toekomst is helder!

Leiderschapsstijlen: navigeren op de weg naar succes

Oké, laten we een van de meest fascinerende aspecten van leiderschap onderzoeken: leiderschapsstijlen. Net zoals er veel wegen naar succes zijn, zijn er ook veel leiderschapsstijlen, elk met zijn eigen sterke en zwakke punten en unieke aanpak. Laten we dus ons kompas pakken en de verschillende leiderschapsstijlen verkennen die ons kunnen helpen op het pad naar succes.

Laten we eerst onze voorwaarden definiëren. Als we het hebben over leiderschapsstijlen, hebben we het over de manier waarop een leider zijn rol benadert en met zijn teamleden omgaat. Er zijn talloze leiderschapsstijlen beschikbaar, maar deze kunnen over het algemeen in een paar brede categorieën worden gegroepeerd op basis van factoren als communicatie, besluitvorming en het opbouwen van relaties.

Een van de meest voorkomende leiderschapsstijlen is autocratisch leiderschap. Autocratische leiders hebben de neiging om zelfstandig beslissingen te nemen, zonder input van hun teamleden te vragen. Ze hebben doorgaans een duidelijke visie en richting voor het team en verwachten van hun teamleden dat ze hun voorbeeld volgen. Hoewel autocratisch leiderschap in bepaalde situaties effectief kan zijn, zoals in tijden van crisis of wanneer snelle beslissingen moeten worden genomen, kan het ook demotiverend en ontkrachtend zijn voor teamleden die zich buitengesloten voelen in het besluitvormingsproces.

Aan de andere kant van het spectrum hebben we democratisch leiderschap. Democratische leiders waarderen de inbreng en deelname van hun teamleden en proberen hen te betrekken bij het besluitvormingsproces. Ze moedigen open communicatie, samenwerking en consensusvorming aan, en stellen hun teamleden in staat eigenaarschap te nemen over hun werk. Hoewel democratisch leiderschap kan leiden tot een grotere betrokkenheid en betrokkenheid van teamleden, kan het ook tijdrovend en minder efficiënt zijn in situaties waarin snelle beslissingen moeten worden genomen.

Ergens tussen autocratisch en democratisch leiderschap ligt laissez-faire leiderschap. Laissez-faire-leiders hanteren een hands-off benadering van leiderschap, waardoor hun teamleden een hoge mate van autonomie en vrijheid krijgen om zelfstandig beslissingen te nemen. Ze bieden begeleiding en ondersteuning wanneer dat nodig is, maar vertrouwen er over het algemeen op dat hun teamleden hun eigen werk beheren en problemen zelf oplossen. Hoewel laissez-faire leiderschap empowerment kan geven aan zelfgemotiveerde en onafhankelijke teamleden, kan het ook leiden tot verwarring en gebrek aan richting bij gebrek aan duidelijke begeleiding en steun van de leider.

Een andere veel voorkomende leiderschapsstijl is transformationeel leiderschap. Transformationele leiders inspireren en motiveren hun teamleden om grootsheid te bereiken en dagen hen uit om buiten de gebaande paden te denken en hun volledige potentieel te bereiken. Ze geven het goede voorbeeld, tonen passie, enthousiasme en een duidelijk doel, en stellen hun teamleden in staat hetzelfde te doen. Hoewel transformationeel leiderschap zeer effectief kan zijn bij het stimuleren van innovatie en het bereiken van ambitieuze doelen, kan het ook veeleisend en intens zijn en een hoog niveau van energie en toewijding vereisen van zowel de leider als zijn teamleden.

Ten slotte hebben we dienend leiderschap. Dienende leiders geven prioriteit aan de behoeften van hun teamleden boven die van henzelf, en concentreren zich op het dienen en ondersteunen van hen in plaats van hun autoriteit te laten gelden of persoonlijke glorie na te streven. Ze leiden met empathie, nederigheid en mededogen en proberen binnen hun teams een cultuur van vertrouwen, respect en samenwerking te creëren. Hoewel dienend leiderschap zeer effectief kan zijn bij het opbouwen van sterke, samenhangende teams en het bevorderen van een cultuur van verantwoordelijkheid en wederzijdse steun, kan het ook een uitdaging zijn voor leiders die moeite hebben om de behoeften van hun teamleden in evenwicht te brengen met de eisen van de organisatie.

Oké, laten we het hebben over de rol van aanpassingsvermogen in leiderschap. Hoewel elk van deze leiderschapsstijlen zijn eigen sterke en zwakke punten heeft, zijn de meest effectieve leiders degenen die in staat zijn hun stijl aan te passen aan de behoeften van de situatie en de individuen die zij leiden. Dit kan inhouden dat men meer directief en besluitvaardiger moet zijn in tijden van crisis, meer moet samenwerken en inclusiever moet zijn bij het zoeken naar input en buy-in van teamleden, of meer ondersteunend en empathisch moet zijn bij het coachen en ontwikkelen van hun teamleden. De sleutel is om flexibel en ruimdenkend te zijn, en bereid te zijn uw aanpak waar nodig aan te passen om de best mogelijke resultaten te bereiken.

Natuurlijk gaat leiderschap niet alleen over stijl, maar ook over inhoud. Ongeacht naar welke leiderschapsstijl u neigt, de meest effectieve leiders zijn degenen die leiding geven met integriteit, authenticiteit en een oprecht verlangen om hun teamleden te dienen en te ondersteunen. Ze zijn in staat anderen te inspireren en motiveren, vertrouwen en verstandhouding op te bouwen en een gedeeld gevoel van doel en visie te creëren dat hun team naar succes stuwt.

Oké, laten we dit afronden. Leiderschapsstijlen zijn net zo divers en gevarieerd als de individuen die ze beoefenen. Door de sterke en zwakke punten van verschillende leiderschapsstijlen te begrijpen en bereid te zijn uw aanpak aan te passen aan de behoeften van de situatie en de individuen die u leidt, kunt u een effectievere en impactvollere leider worden. Laten we dus de diversiteit aan leiderschapsstijlen omarmen, onze vaardigheden aanscherpen en blijven groeien en evolueren op onze reis naar succes. Het is aan ons om de toekomst vorm te geven.

Emotionele intelligentie: de sleutel tot effectief leiderschap en persoonlijke groei

Oké, laten we ons verdiepen in een van de meest essentiële, maar vaak over het hoofd geziene aspecten van leiderschap: emotionele intelligentie. In een wereld waar technische vaardigheden en expertise hoog worden gewaardeerd, vergeet je gemakkelijk het belang van emotionele intelligentie bij het stimuleren van zowel persoonlijk als professioneel succes. Laten we dus onze mouwen opstropen en de diepgaande impact onderzoeken die emotionele intelligentie kan hebben op leiderschap en persoonlijke groei.

Laten we eerst onze voorwaarden definiëren. Emotionele intelligentie, vaak afgekort als EQ, verwijst naar het vermogen om onze eigen emoties, evenals de emoties van anderen, te herkennen, begrijpen en beheren. Het omvat een scala aan vaardigheden, waaronder zelfbewustzijn, zelfregulering, empathie en sociale vaardigheden, die allemaal een cruciale rol spelen in effectief leiderschap en interpersoonlijke relaties.

Waarom is emotionele intelligentie zo belangrijk? Om te beginnen is het essentieel voor het opbouwen van sterke, vertrouwensrelaties met anderen. Leiders die over een hoog niveau van emotionele intelligentie beschikken, zijn beter in staat om verbinding te maken met hun teamleden, hun behoeften en zorgen te begrijpen en een goede verstandhouding en vertrouwen op te bouwen. Dit leidt op zijn beurt tot een grotere betrokkenheid, samenwerking en betrokkenheid van hun teamleden, wat uiteindelijk leidt tot betere prestaties en resultaten.

Maar emotionele intelligentie gaat niet alleen over het opbouwen van relaties, het gaat ook over zelfbewustzijn en zelfregulering. Leiders die over een hoog niveau van emotionele intelligentie beschikken, zijn beter in staat hun eigen emoties, sterke en zwakke punten te begrijpen en deze effectief te beheren. Ze kunnen kalm en kalm blijven in situaties onder hoge druk, rationele beslissingen nemen op basis van logica in plaats van emotie, en snel herstellen van tegenslagen en mislukkingen.

Een van de belangrijkste componenten van emotionele intelligentie is empathie: het vermogen om de gevoelens van anderen te begrijpen en te delen. Leiders die over een hoog niveau van empathie beschikken, zijn beter in staat zichzelf in de schoenen van hun teamleden te verplaatsen, hun perspectieven en zorgen te begrijpen, en met compassie en begrip te reageren. Dit creëert een ondersteunende en inclusieve werkomgeving waarin iedereen zich gewaardeerd, gerespecteerd en gehoord voelt.

Een ander belangrijk aspect van emotionele intelligentie zijn sociale vaardigheden: het vermogen om door sociale situaties te navigeren en positieve relaties met anderen op te bouwen. Leiders die over een hoog niveau van sociale vaardigheden beschikken, zijn effectieve communicatoren, die zich duidelijk en zelfverzekerd kunnen uitdrukken en actief naar anderen kunnen luisteren. Ze zijn bedreven in het oplossen van conflicten en het voeren van moeilijke gesprekken, en ze weten hoe ze hun teamleden moeten motiveren en inspireren om hun doelen te bereiken.

Oké, laten we het hebben over de rol van emotionele intelligentie in leiderschap. Hoewel technische vaardigheden en expertise zeker belangrijk zijn voor succes in leiderschapsrollen, is emotionele intelligentie net zo belangrijk, zo niet belangrijker. Leiders die over een hoog niveau van emotionele intelligentie beschikken, zijn beter in staat hun teamleden te inspireren en te motiveren, sterke, samenhangende teams op te bouwen en door de complexiteit van interpersoonlijke relaties te navigeren. Ze kunnen zich aanpassen aan veranderingen, omgaan met tegenslagen en leiding geven met empathie, integriteit en authenticiteit.

Maar emotionele intelligentie is niet alleen belangrijk voor leiders – het is belangrijk voor iedereen. Of u nu een manager, een teamlid of een individuele bijdrager bent, het bezitten van een hoog niveau van emotionele intelligentie kan u helpen succesvol te zijn op alle gebieden van uw leven. Het kan u helpen sterke, ondersteunende relaties met anderen op te bouwen, met gratie en veerkracht om te gaan met uitdagingen en tegenslagen, en uw doelen met vertrouwen en vastberadenheid te bereiken.

Oké, laten we dit afronden. Emotionele intelligentie is een krachtig hulpmiddel om zowel persoonlijk als professioneel succes te behalen. Door ons zelfbewustzijn, zelfregulering, empathie en sociale vaardigheden te ontwikkelen, kunnen we effectievere leiders worden, sterkere relaties met anderen opbouwen en meer succes behalen op alle gebieden van ons leven. Laten we dus de kracht van emotionele intelligentie omarmen, onze vaardigheden aanscherpen en blijven groeien en evolueren op onze reis naar succes. De toekomst is helder!

Delegatie: anderen empoweren, de efficiëntie maximaliseren en succes behalen

Oké, laten we eens kijken naar een van de meest essentiële vaardigheden voor effectief leiderschap: delegatie. In de snelle en complexe wereld van vandaag kan geen enkele leider het allemaal alleen doen. Delegatie is de sleutel tot het empoweren van uw teamleden, het maximaliseren van de efficiëntie en het behalen van succes. Laten we dus onze mouwen opstropen en de ins en outs van delegatie onderzoeken, van waarom het belangrijk is tot hoe we het effectief kunnen doen.

Laten we eerst onze voorwaarden definiëren. Delegatie is het proces waarbij taken, verantwoordelijkheden en bevoegdheden aan anderen worden toevertrouwd. Het gaat erom uw teamleden in staat te stellen eigenaarschap te nemen over hun werk, zelfstandig beslissingen te nemen en bij te dragen aan het succes van het team en de organisatie. Maar delegeren gaat niet alleen over het ontlasten van taken; het gaat ook over het voorbereiden van uw teamleden op succes, het bieden van ondersteuning en begeleiding wanneer dat nodig is, en uiteindelijk samen betere resultaten behalen dan u alleen zou kunnen.

Waarom is delegatie zo belangrijk? Ten eerste is het essentieel voor het maximaliseren van de efficiëntie en productiviteit. Als leider zijn uw tijd en energie eindige hulpbronnen, en u kunt het simpelweg niet allemaal zelf doen. Door te delegeren kunt u zich concentreren op taken met een hoge prioriteit en strategische initiatieven, terwijl uw teamleden de dagelijkse verantwoordelijkheden en details kunnen afhandelen. Hierdoor maak je niet alleen tijd en energie vrij, maar kunnen je teamleden ook nieuwe vaardigheden ontwikkelen, waardevolle ervaring opdoen en professioneel groeien.

Maar delegatie gaat over meer dan alleen efficiëntie; het gaat ook over het opbouwen van vertrouwen en het versterken van uw teamleden. Wanneer u taken en verantwoordelijkheden delegeert aan uw teamleden, geeft u hen een krachtige boodschap dat u hen vertrouwt en gelooft in hun capaciteiten. Dit vergroot op zijn beurt hun zelfvertrouwen en moreel, bevordert een gevoel van eigenaarschap en verantwoordelijkheid en leidt uiteindelijk tot een grotere betrokkenheid, betrokkenheid en loyaliteit van uw teamleden.

Oké, dus nu we hebben vastgesteld waarom delegatie belangrijk is, laten we het hebben over hoe we dit effectief kunnen doen. Effectief delegeren begint met het begrijpen van de sterke en zwakke punten en capaciteiten van uw teamleden. Neem de tijd om hun vaardigheden, kennis en ervaring te beoordelen, en identificeer taken en verantwoordelijkheden die aansluiten bij hun capaciteiten en interesses. Zorg ervoor dat u duidelijke instructies en verwachtingen geeft en open en transparant communiceert over deadlines, prioriteiten en doelen.

Maar effectief delegeren gaat over meer dan alleen het overdragen van taken; het gaat ook over het bieden van ondersteuning en begeleiding onderweg. Wees beschikbaar om vragen te beantwoorden, feedback te geven en hulp te bieden wanneer dat nodig is. Moedig uw teamleden aan om de verantwoordelijkheid voor hun werk op zich te nemen, zelfstandig beslissingen te nemen en problemen creatief op te lossen. En zorg ervoor dat u hun prestaties, zowel grote als kleine, erkent en viert, om hen te laten zien dat hun inspanningen niet onopgemerkt zijn gebleven.

Natuurlijk vereist effectief delegeren ook vertrouwen, zowel in uzelf als in uw teamleden. Vertrouw erop dat u de controle loslaat en uw teamleden de touwtjes in handen geeft. Vertrouw erop dat uw teamleden de gelegenheid aangrijpen en resultaten boeken. En als er onderweg fouten optreden – wat onvermijdelijk zal gebeuren – vertrouw er dan op dat u en uw teamleden ervan leren, groeien en verbeteren.

Maar hoe zit het met micromanagement, vraagt u zich misschien af? Effectieve delegatie is het tegengif tegen micromanagement. Wanneer u taken en verantwoordelijkheden delegeert aan uw teamleden, geeft u hen de vrijheid en autonomie om hun beste werk te doen, zonder voortdurend toezicht en inmenging. Dit bevordert niet alleen een cultuur van vertrouwen en empowerment, maar stelt u ook in staat zich te concentreren op prioriteiten op een hoger niveau en strategische initiatieven.

Oké, laten we het hebben over de voordelen van delegatie. Als het effectief wordt gedaan, kan delegatie leiden tot een breed scala aan voordelen voor zowel u als uw teamleden. Het maakt uw tijd en energie vrij om u te concentreren op taken met een hoge prioriteit en strategische initiatieven. Het stelt uw teamleden in staat eigenaar te worden van hun werk, nieuwe vaardigheden te ontwikkelen en professioneel te groeien. Het bouwt vertrouwen, moreel en betrokkenheid op binnen uw team. En uiteindelijk leidt het tot betere resultaten en meer succes voor het team en de organisatie als geheel.

Natuurlijk is delegeren niet altijd gemakkelijk. Het vereist de bereidheid om de controle los te laten, vertrouwen in jezelf en je teamleden, en de toewijding om onderweg ondersteuning en begeleiding te bieden. Maar met oefening en doorzettingsvermogen kunt u de kunst van het delegeren onder de knie krijgen en het volledige potentieel ervan ontsluiten om uw teamleden meer mogelijkheden te geven, de efficiëntie te maximaliseren en succes te behalen. Laten we dus onze mouwen opstropen, aan de slag gaan en gaan delegeren als een professional. Het is aan ons om de toekomst te creëren.

Timemanagement: de kunst van productiviteit, balans en succes beheersen

Oké, laten we eens kijken naar een van de meest essentiële vaardigheden om te navigeren in de snelle en veeleisende wereld waarin we leven: tijdmanagement. In de wereld van vandaag, waar veel afleiding is en de eisen hoog zijn, is effectief tijdmanagement de sleutel tot het beheersen van de productiviteit, het vinden van evenwicht en het bereiken van succes. Laten we dus onze mouwen opstropen en de ins en outs van timemanagement onderzoeken, van waarom het belangrijk is tot hoe we het effectief kunnen doen.

Laten we eerst onze voorwaarden definiëren. Tijdmanagement is het proces van plannen, organiseren en controleren hoe u uw tijd besteedt om de productiviteit te maximaliseren en uw doelen te bereiken. Het gaat over het stellen van prioriteiten, het optimaal benutten van uw tijd en het vinden van balans tussen werk, privéleven en andere verantwoordelijkheden. Maar timemanagement gaat niet alleen over druk bezig zijn, het gaat ook over productief zijn en het behalen van betekenisvolle resultaten.

Dus waarom is timemanagement zo belangrijk? Ten eerste is het essentieel voor het maximaliseren van de productiviteit. In een wereld waar er nooit genoeg uren per dag zijn, kunt u met effectief tijdmanagement uw tijd optimaal benutten en meer bereiken in minder tijd. Door prioriteiten te stellen, gefocust te blijven en afleidingen tot een minimum te beperken, kunt u uw belangrijkste taken aanpakken en efficiënter vooruitgang boeken in de richting van uw doelen.

Maar timemanagement gaat over meer dan alleen productiviteit: het gaat ook over het vinden van evenwicht. In de snelle wereld van vandaag is het gemakkelijk om je overweldigd en opgebrand te voelen door het voortdurende beslag op onze tijd en energie. Met effectief tijdmanagement kunt u ruimte creëren voor de dingen die er het meest toe doen, of het nu gaat om tijd doorbrengen met uw dierbaren, het nastreven van hobby's en interesses, of gewoon voor uzelf zorgen. Door grenzen te stellen, uw tijd effectief te beheren en tijd te maken voor de dingen die u vreugde en voldoening schenken, kunt u een groter gevoel van evenwicht en welzijn in uw leven bereiken.

Oké, dus nu we hebben vastgesteld waarom tijdmanagement belangrijk is, laten we het hebben over hoe we dit effectief kunnen doen. Effectief tijdmanagement begint met het stellen van duidelijke doelen en prioriteiten. Neem de tijd om uw belangrijkste doelen en doelstellingen te identificeren, zowel op de korte als op de lange termijn, en prioriteer deze op basis van hun belang en urgentie. Dit zal je helpen je tijd en energie te richten op de dingen die er het meest toe doen, en te voorkomen dat je verzandt in minder belangrijke taken en afleidingen.

Nadat u uw prioriteiten heeft gesteld, is het tijd om een plan te maken. Verdeel uw doelen in kleinere, beter beheersbare taken en maak een planning of takenlijst om u te helpen op koers te blijven. Wees realistisch over hoeveel tijd je beschikbaar hebt en hoe lang taken zullen duren, en zorg ervoor dat je tijd inbouwt voor pauzes en rust. Vergeet niet dat het belangrijk is om uw tempo te bepalen en te voorkomen dat uw schema overbelast raakt, omdat dit op de lange termijn kan leiden tot een burn-out en verminderde productiviteit.

Maar effectief tijdmanagement gaat niet alleen over planning, het gaat ook over de uitvoering. Blijf gefocust en gedisciplineerd en weersta de verleiding om dingen uit te stellen of afgeleid te worden door minder belangrijke taken. Als u merkt dat u van het goede spoor afdwaalt, neem dan even de tijd om u opnieuw te concentreren en uzelf aan uw prioriteiten te herinneren. Gebruik hulpmiddelen en technieken zoals de Pomodoro-techniek, tijdblokkering of de Eisenhower-matrix om u te helpen georganiseerd en productief te blijven.

Natuurlijk vereist effectief tijdmanagement ook zelfbewustzijn en zelfregulering. Besteed aandacht aan uw energieniveau en werkgewoonten en pas uw schema en routine dienovereenkomstig aan. Wees bereid nee te zeggen tegen taken en verplichtingen die niet aansluiten bij uw prioriteiten of waarden, en wees proactief in het stellen van grenzen en het beschermen van uw tijd. En zorg ervoor dat je goed voor jezelf zorgt: zorg voor voldoende slaap, eet goed, beweeg regelmatig en maak tijd vrij voor ontspanning en zelfzorg.

Oké, laten we het hebben over de voordelen van effectief tijdmanagement. Als het effectief wordt gedaan, kan timemanagement leiden tot een breed scala aan voordelen voor zowel uw persoonlijke als professionele leven. Het stelt u in staat meer te bereiken in minder tijd, stress en overweldiging te verminderen en een groter gevoel van evenwicht en welzijn te bereiken. Het helpt u vooruitgang te boeken in de richting van uw doelen en uw potentieel te verwezenlijken, zowel persoonlijk als professioneel. En uiteindelijk leidt het tot meer succes en vervulling op alle gebieden van je leven.

Natuurlijk is timemanagement geen kant-en-klare oplossing; het is een reis van zelfontdekking en voortdurende verbetering. Het vereist oefening, geduld en doorzettingsvermogen om het onder de knie te krijgen, maar de beloningen zijn de moeite zeker waard. Laten we dus onze mouwen opstropen, aan de slag gaan en de kunst van timemanagement onder de knie krijgen. Het is aan ons om de toekomst te creëren.

Verandering beheren: met veerkracht en aanpassingsvermogen door de winden van transformatie navigeren

Oké, laten we beginnen aan een reis naar een van de meest uitdagende en toch onvermijdelijke aspecten van het leven en zakendoen: het managen van veranderingen. In de snelle en steeds evoluerende wereld van vandaag is verandering voortdurend, en ons vermogen om daar veerkrachtig en aanpassingsvermogen in te hanteren is essentieel voor succes. Laten we dus onze mouwen opstropen en de ins en outs van het managen van veranderingen onderzoeken, van waarom het belangrijk is tot hoe we het effectief kunnen doen.

Laten we eerst onze voorwaarden definiëren. Het managen van verandering is het proces waarbij individuen, teams en organisaties door transities, transformaties en omwentelingen worden geleid. Het gaat erom mensen te helpen begrijpen waarom verandering noodzakelijk is, zich aan te passen aan nieuwe manieren van denken en werken, en de kansen te omarmen die verandering met zich meebrengt. Maar het managen van verandering gaat niet alleen over het reageren op externe krachten; het gaat ook over het proactief vormgeven en aansturen van veranderingen om de gewenste resultaten en doelen te bereiken.

Waarom is het managen van veranderingen zo belangrijk? Ten eerste is verandering onvermijdelijk. In de snel evoluerende wereld van vandaag moeten organisaties zich voortdurend aanpassen en innoveren om voorop te blijven lopen en concurrerend te blijven. Of het nu gaat om technologische vooruitgang, verschuivingen in de markt, veranderingen in de regelgeving of verstoringen in de sector: organisaties die zich niet aanpassen aan veranderingen lopen het risico achterop te raken. Effectief verandermanagement stelt organisaties in staat te anticiperen op, te reageren op en te profiteren van veranderingen, in plaats van erdoor verblind te worden.

Maar het managen van veranderingen gaat over meer dan alleen overleven; het gaat ook over gedijen in tijden van onzekerheid. Verandering kan uitdagend en ontwrichtend zijn, maar het kan ook een kans bieden voor groei, innovatie en transformatie. Door verandering met een open geest en een positieve houding te omarmen, kunnen organisaties nieuwe mogelijkheden ontsluiten, verborgen sterke punten blootleggen en doorbraken bereiken die anders niet mogelijk zouden zijn geweest. Met andere woorden: verandering is niet alleen iets dat moet worden beheerd; het is iets dat moet worden omarmd en benut voor meer succes.

Oké, dus nu we hebben vastgesteld waarom het managen van verandering belangrijk is, laten we het hebben over hoe we dit effectief kunnen doen. Effectief verandermanagement begint met communicatie en transparantie. Wees open en eerlijk tegen uw teamleden over de noodzaak van verandering, de redenen daarvoor en de potentiële impact die deze zal hebben. Creëer mogelijkheden voor dialoog en feedback en betrek je teamleden zoveel mogelijk bij het veranderingsproces. Dit zal helpen bij het opbouwen van vertrouwen en buy-in, en het verminderen van de weerstand tegen verandering.

Nadat u de noodzaak van verandering hebt gecommuniceerd, is het tijd om een plan te maken. Identificeer uw doelen en doelstellingen, ontwikkel een routekaart voor de manier waarop u deze wilt bereiken en wijs de middelen en verantwoordelijkheden dienovereenkomstig toe. Zorg ervoor dat u duidelijke verwachtingen en mijlpalen stelt, en communiceer regelmatig de voortgang en updates om iedereen op de hoogte en betrokken te houden. En wees bereid om flexibel te zijn en uw plan indien nodig aan te passen als reactie op feedback en veranderende omstandigheden.

Maar effectief verandermanagement gaat niet alleen over planning, het gaat ook over de uitvoering. Blijf gefocust en gedisciplineerd, en wees bereid om de handen uit de mouwen te steken en aan de slag te gaan. Wees proactief in het aanpakken van uitdagingen en obstakels wanneer deze zich voordoen, en bied ondersteuning en aanmoediging aan uw teamleden terwijl zij door de transitie navigeren. En zorg ervoor dat u onderweg successen en mijlpalen viert, om het moreel hoog te houden en het momentum gaande te houden.

Natuurlijk vereist effectief verandermanagement ook empathie en compassie. Verandering kan verontrustend en ontwrichtend zijn, en het is normaal dat mensen zich angstig, onzeker of resistent voelen. Wees geduldig en begripvol, en neem de tijd om naar de zorgen van uw teamleden te luisteren en deze met empathie en mededogen aan te pakken. Bied mogelijkheden voor ondersteuning en training om uw teamleden te helpen de vaardigheden en het vertrouwen op te bouwen die ze nodig hebben om met succes door de verandering te navigeren.

Oké, laten we het hebben over de voordelen van effectief verandermanagement. Wanneer het effectief wordt uitgevoerd, kan verandermanagement leiden tot een breed scala aan voordelen voor zowel organisaties als individuen. Het stelt organisaties in staat zich aan te passen en te innoveren als reactie op veranderende omstandigheden, wendbaar en veerkrachtig te blijven in het licht van onzekerheid, en hun doelen en doelstellingen effectiever te bereiken. Het helpt individuen veerkracht en aanpassingsvermogen op te bouwen, nieuwe vaardigheden en capaciteiten te ontwikkelen en zowel persoonlijk als professioneel te groeien. En uiteindelijk leidt het tot meer succes, tevredenheid en voldoening voor alle betrokkenen.

Natuurlijk is veranderingsmanagement niet eenvoudig; het vereist geduld, doorzettingsvermogen en de bereidheid om onzekerheid en dubbelzinnigheid te omarmen. Maar met de juiste mentaliteit, aanpak en ondersteuning kunnen organisaties en individuen met succes door veranderingen navigeren en er sterker, veerkrachtiger en wendbaarder uit komen dan ooit tevoren. Laten we dus onze mouwen opstropen, aan de slag gaan en verandering omarmen als een kans voor groei en transformatie. Het is aan ons om de toekomst vorm te geven.

Omgaan met moeilijke gesprekken: omgaan met uitdagingen met empathie, duidelijkheid en respect

Oké, laten we eens kijken naar een van de meest uitdagende en toch essentiële aspecten van communicatie: het omgaan met moeilijke gesprekken. Of het nu gaat om het geven van constructieve feedback, het aanpakken van prestatieproblemen of het omgaan met conflicten: moeilijke gesprekken zijn een onvermijdelijk onderdeel van het leven en werk. Maar met de juiste aanpak en mentaliteit kunnen we deze gesprekken met empathie, duidelijkheid en respect voeren. Laten we dus onze mouwen opstropen en de ins en outs onderzoeken van het omgaan met moeilijke gesprekken, van waarom ze belangrijk zijn tot hoe je ze effectief kunt voeren.

Laten we eerst onze voorwaarden definiëren. Moeilijke gesprekken zijn gesprekken waarbij gevoelige of uitdagende onderwerpen aan de orde komen, zoals conflicten, meningsverschillen of prestatieproblemen. Deze gesprekken kunnen ongemakkelijk of lastig zijn, en vereisen vaak een zorgvuldige planning, voorbereiding en communicatie. Maar moeilijke gesprekken gaan niet alleen over het brengen van slecht nieuws of het oplossen van conflicten; ze bieden ook een kans op groei, begrip en oplossing.

Waarom zijn moeilijke gesprekken zo belangrijk? Ten eerste zijn ze essentieel voor het opbouwen van sterke, gezonde relaties. Of het nu met een collega, een teamlid, een vriend of een geliefde is, moeilijke gesprekken stellen ons in staat problemen aan te pakken, zorgen te uiten en samen uitdagingen aan te gaan. Door de moed te hebben om deze gesprekken te voeren, kunnen we onze relaties versterken, vertrouwen en verstandhouding opbouwen en een cultuur van openheid en eerlijkheid bevorderen.

Maar ook moeilijke gesprekken zijn belangrijk voor persoonlijke en professionele groei. Ze stellen ons in staat om van onze fouten te leren, feedback te ontvangen en verbeterpunten te identificeren. Door de moed te hebben om deze gesprekken te voeren, kunnen we zelfbewuster worden, sterkere communicatieve vaardigheden ontwikkelen en beter toegerust worden om toekomstige uitdagingen en conflicten het hoofd te bieden.

Oké, dus nu we hebben vastgesteld waarom moeilijke gesprekken belangrijk zijn, laten we het hebben over hoe we ze effectief kunnen aanpakken. Effectieve communicatie begint met voorbereiding. Neem de tijd om te bedenken wat je wilt zeggen, en ook hoe je het wilt zeggen. Houd rekening met het perspectief van de ander en anticipeer op hoe deze zou kunnen reageren. Denk na over uw doelen voor het gesprek en welk resultaat u hoopt te bereiken. Door je vooraf voor te bereiden, kun je het gesprek met vertrouwen en duidelijkheid benaderen.

Als je eenmaal voorbereid bent, is het tijd om het gesprek te voeren. Kies een tijd en plaats die bevorderlijk zijn voor een open en eerlijke dialoog, en creëer een veilige en ondersteunende omgeving waarin het gesprek kan plaatsvinden. Zorg ervoor dat u actief naar het perspectief van de ander luistert en empathie en begrip toont voor zijn standpunt. Wees eerlijk en direct in uw communicatie, maar wees ook respectvol en tactvol in de manier waarop u uw boodschap overbrengt.

Zorg ervoor dat u tijdens het gesprek gefocust blijft op het onderwerp en voorkom dat u zich laat afleiden door persoonlijke aanvallen of irrelevante details. Houd u aan de feiten en geef specifieke voorbeelden om uw punten te ondersteunen. Zorg ervoor dat u uw gevoelens en zorgen openlijk en eerlijk uitdrukt, maar wees ook bereid om naar het perspectief van de ander te luisteren en diens gevoelens te valideren.

Maar bij het omgaan met moeilijke gesprekken gaat het niet alleen om wat je zegt, maar ook om hoe je het zegt. Besteed aandacht aan uw toon, lichaamstaal en gezichtsuitdrukkingen en streef ernaar om met empathie, duidelijkheid en respect te communiceren. Houd rekening met uw emoties en neem een pauze als u tot uzelf wilt komen voordat u het gesprek voortzet. En wees bereid om uw eigen reacties en reacties te beheersen, en blijf kalm en kalm, zelfs als er sprake is van conflicten of weerstand.

Natuurlijk kunnen moeilijke gesprekken emotioneel uitdagend zijn, en het is normaal dat u zich daar angstig of ongemakkelijk bij voelt. Maar door oefening en ervaring kunt u er zelfverzekerder en effectiever mee omgaan. Vergeet niet dat moeilijke gesprekken een kans zijn om te groeien en te leren, zowel voor jou als voor de andere betrokken persoon. Door ze met empathie, duidelijkheid en respect te benaderen, kun je er met succes doorheen navigeren en positieve resultaten bereiken voor alle betrokkenen.

Oké, laten we het hebben over de voordelen van het effectief omgaan met moeilijke gesprekken. Als ze goed worden uitgevoerd, kunnen moeilijke gesprekken leiden tot een breed scala aan voordelen voor zowel individuen als organisaties. Ze kunnen helpen bij het oplossen van conflicten, het verbeteren van de communicatie en het versterken van relaties. Ze kunnen leiden tot meer begrip, empathie en samenwerking. En ze kunnen uiteindelijk leiden tot betere resultaten en meer succes voor alle betrokkenen.

Natuurlijk vergt het effectief omgaan met moeilijke gesprekken moed, mededogen en vaardigheid. Maar met de juiste aanpak en mentaliteit kunt u er met succes doorheen navigeren en positieve resultaten bereiken. Laten we dus onze mouwen opstropen, aan de slag gaan en moeilijke gesprekken omarmen als een kans op groei, begrip en oplossing. Het is aan ons om de toekomst te creëren.

Conflictoplossing: uitdagingen omzetten in kansen voor groei en samenwerking

Oké, laten we ons verdiepen in een van de meest kritische en toch vaak uitdagende aspecten van interpersoonlijke relaties: het oplossen van conflicten. Zowel in persoonlijke als professionele omgevingen zijn conflicten onvermijdelijk. De manier waarop we deze conflicten benaderen en oplossen, kan echter het verschil maken bij het onderhouden van gezonde relaties en het bereiken van wederzijds begrip en groei. Laten we dus onze mouwen opstropen en de ins en outs van conflictoplossing verkennen, van waarom het belangrijk is tot hoe we dit effectief kunnen doen.

Laten we eerst onze voorwaarden definiëren. Conflictoplossing is het proces van het aanpakken en oplossen van geschillen of meningsverschillen tussen individuen of groepen. Het gaat om het identificeren van de onderliggende problemen, het begrijpen van de perspectieven van alle betrokken partijen en het vinden van wederzijds aanvaardbare oplossingen om het conflict op te lossen. Maar bij het oplossen van conflicten gaat het niet alleen om het beëindigen van conflicten; het gaat ook om het bevorderen van de communicatie, het opbouwen van vertrouwen en het versterken van relaties.

Waarom is het oplossen van conflicten zo belangrijk? Ten eerste kunnen conflicten een schadelijke invloed hebben op relaties, productiviteit en moreel. Onopgeloste conflicten kunnen leiden tot wrok, vijandigheid en communicatiestoringen, wat uiteindelijk het vertrouwen en de samenwerking binnen teams en organisaties kan ondermijnen. Effectieve conflictoplossing stelt ons in staat problemen en meningsverschillen constructief aan te pakken, in plaats van ze te laten voortwoekeren en escaleren.

Maar conflictoplossing is ook belangrijk voor persoonlijke en professionele groei. Conflicten kunnen een kans zijn om te leren en te groeien, omdat het ons dwingt verschillen onder ogen te zien, aannames ter discussie te stellen en alternatieve perspectieven te overwegen. Door conflicten te benaderen met een open geest en de bereidheid om te luisteren en te leren, kunnen we waardevolle inzichten verwerven in onszelf en anderen, en daardoor veerkrachtiger, flexibeler en empathischer worden.

Oké, dus nu we hebben vastgesteld waarom conflictoplossing belangrijk is, laten we praten over hoe we dit effectief kunnen doen. Effectieve conflictoplossing begint met communicatie. Creëer een veilige en ondersteunende omgeving voor dialoog en moedig alle betrokken partijen aan om hun gedachten, gevoelens en zorgen openlijk en eerlijk te uiten. Zorg ervoor dat u actief luistert naar wat anderen te zeggen hebben, en probeer hun perspectieven en motivaties te begrijpen.

Zodra u de onderliggende problemen en perspectieven heeft geïdentificeerd, is het tijd om een gemeenschappelijke basis te vinden en aan een oplossing te werken. Concentreer u op gebieden waarover overeenstemming bestaat en gedeelde belangen, en zoek naar win-winoplossingen die tegemoetkomen aan de behoeften en zorgen van alle betrokken partijen. Wees creatief en flexibel bij het verkennen van mogelijke oplossingen, en wees bereid compromissen te sluiten en te onderhandelen om tot een wederzijds aanvaardbaar resultaat te komen.

Maar effectieve conflictoplossing gaat niet alleen over het vinden van een oplossing; het gaat ook over het herstellen van relaties en het herstellen van vertrouwen. Wees bereid fouten te erkennen en verantwoordelijkheid te nemen voor je daden, en sta open voor het aanbieden en ontvangen van excuses en vergeving. Wees geduldig en empathisch in uw interacties, en wees bereid de tijd en moeite te investeren die nodig is om het vertrouwen en de relaties te herstellen.

Natuurlijk is het oplossen van conflicten niet altijd gemakkelijk, en het is normaal dat u zich angstig of ongemakkelijk voelt bij het onder ogen zien van meningsverschillen en het aanpakken van conflicten. Maar met oefening en ervaring kunt u zelfverzekerder en effectiever worden in het omgaan met conflicten en het vinden van wederzijds aanvaardbare oplossingen. Bedenk dat conflicten een kans zijn om te groeien en te leren, zowel voor u als voor de andere betrokken partijen. Door ze met empathie, duidelijkheid en respect te benaderen, kun je uitdagingen omzetten in kansen voor groei en samenwerking.

Oké, laten we het hebben over de voordelen van effectieve conflictoplossing. Wanneer conflicten effectief worden opgelost, kunnen ze leiden tot een breed scala aan voordelen voor zowel individuen als organisaties. Ze kunnen relaties versterken, de communicatie verbeteren en vertrouwen en samenwerking bevorderen. Ze kunnen leiden tot meer begrip, empathie en respect voor de perspectieven van anderen. En ze kunnen uiteindelijk leiden tot betere resultaten en meer succes voor alle betrokkenen.

Natuurlijk vereist een effectieve conflictoplossing moed, geduld en vaardigheid. Maar met de juiste aanpak en mentaliteit kunt u met succes door conflicten navigeren en positieve resultaten bereiken. Laten we dus onze mouwen opstropen, aan de slag gaan en conflictoplossing omarmen als een kans voor groei, begrip en samenwerking. Het is aan ons om de toekomst te creëren.

Crisisbeheersing: navigeren in turbulente wateren met veerkracht en strategie

Oké, laten we ons verdiepen in een van de meest kritische aspecten van leiderschap en organisatorisch succes: crisismanagement. In de onvoorspelbare wereld van vandaag kunnen crises op elk moment toeslaan, van natuurrampen tot financiële recessies en public relations-nachtmerries. De manier waarop organisaties op deze crises reageren, kan het verschil maken in hun vermogen om de storm te doorstaan en er aan de andere kant sterker uit te komen. Laten we dus onze mouwen opstropen en de ins en outs van crisismanagement onderzoeken, van waarom het belangrijk is tot hoe we het effectief kunnen aanpakken.

Laten we eerst onze voorwaarden definiëren. Crisismanagement is het proces van voorbereiding op, reactie op en herstel van crises of noodsituaties die de stabiliteit, reputatie of levensvatbaarheid van een organisatie bedreigen. Het omvat het identificeren van potentiële risico's en kwetsbaarheden, het ontwikkelen van strategieën en protocollen voor het beheersen van crises, en het mobiliseren van middelen en personeel om effectief te reageren wanneer zich crises voordoen. Maar crisismanagement gaat niet alleen over het reageren op noodsituaties; het gaat ook over het proactief voorbereiden ervan en het minimaliseren van de impact ervan.

Waarom is crisismanagement dan zo belangrijk? Om te beginnen kunnen crises een verwoestende impact hebben op organisaties, van financiële verliezen tot reputatieschade en wettelijke aansprakelijkheid. Zonder effectief crisisbeheer lopen organisaties het risico overrompeld te worden en slecht voorbereid te zijn om op noodsituaties te reageren, wat de schade kan verergeren en het herstelproces kan verlengen. Effectief crisismanagement stelt organisaties in staat om tijdig en gecoördineerd te anticiperen op, zich voor te bereiden op en te reageren op crises, waardoor de impact ervan wordt geminimaliseerd en een snel en effectief herstel wordt gegarandeerd.

Maar crisisbeheersing is ook belangrijk voor het opbouwen van vertrouwen onder belanghebbenden. In tijden van crisis kijken belanghebbenden (of het nu werknemers, klanten, investeerders of het publiek zijn) naar organisaties voor leiderschap, begeleiding en geruststelling. Door competentie, transparantie en verantwoordelijkheid te tonen in hun reactie op crises kunnen organisaties vertrouwen opbouwen onder belanghebbenden, hun reputatie versterken en met intacte geloofwaardigheid uit crises komen.

Oké, dus nu we hebben vastgesteld waarom crisisbeheersing belangrijk is, laten we het hebben over hoe we dit effectief kunnen doen. Effectief crisismanagement begint met voorbereiding. Neem de tijd om potentiële risico's en kwetsbaarheden te identificeren die uw organisatie kunnen bedreigen, van natuurrampen tot inbreuken op de cyberbeveiliging en verstoringen van de toeleveringsketen. Ontwikkel strategieën en protocollen voor het beheersen van deze risico's, en stel duidelijke rollen en verantwoordelijkheden vast voor sleutelpersoneel in geval van een crisis. Voer regelmatig trainingen en oefeningen uit om ervoor te zorgen dat iedereen weet wat te doen in geval van nood, en houd uw plannen en protocollen up-to-date naarmate uw organisatie evolueert en verandert.

Als u zich eenmaal op mogelijke crises heeft voorbereid, is het belangrijk om waakzaam en proactief te blijven. Houd de externe omgeving in de gaten op tekenen van opkomende bedreigingen of kwetsbaarheden, en wees bereid om uw plannen en protocollen dienovereenkomstig aan te passen. Zorg voor duidelijke communicatie- en besluitvormingslijnen binnen uw organisatie en zorg ervoor dat sleutelpersoneel toegankelijk en beschikbaar is om in een mum van tijd op noodsituaties te reageren. En zorg ervoor dat u relaties en partnerschappen opbouwt met externe belanghebbenden, zoals overheidsinstanties, hulpverleners en gemeenschapsorganisaties, om een gecoördineerde en effectieve reactie op crises te garanderen.

Maar effectief crisismanagement gaat niet alleen over voorbereiding, het gaat ook over communicatie. In tijden van crisis is communicatie van cruciaal belang om het vertrouwen tussen de belanghebbenden te behouden en om een tijdige en effectieve reactie te coördineren. Wees transparant en eerlijk in uw communicatie en verstrek tijdige en nauwkeurige informatie aan alle belanghebbenden, zowel intern als extern. Wees proactief bij het aanpakken van zorgen en vragen, en wees bereid fouten toe te geven en verantwoordelijkheid te nemen voor uw daden. En zorg ervoor dat u verschillende communicatiekanalen en platforms gebruikt om verschillende doelgroepen te bereiken en ervoor te zorgen dat uw berichten worden gehoord en begrepen.

Natuurlijk is crisisbeheersing niet eenvoudig, en het is normaal dat u zich angstig of overweldigd voelt wanneer u met een crisis wordt geconfronteerd. Maar met voorbereiding, waakzaamheid en effectieve communicatie kunnen organisaties crises succesvol het hoofd bieden en er aan de andere kant sterker uit komen. Vergeet niet dat crises een kans zijn voor organisaties om hun veerkracht, aanpassingsvermogen en betrokkenheid bij hun belanghebbenden te demonstreren. Door crises met moed, competentie en mededogen te benaderen, kunnen organisaties niet alleen crises overleven, maar ook gedijen ondanks tegenslagen.

Oké, laten we het hebben over de voordelen van effectief crisismanagement. Wanneer crises effectief worden beheerd, kunnen organisaties de impact ervan minimaliseren en zorgen voor een snel en effectief herstel. Ze kunnen het vertrouwen onder de belanghebbenden behouden, hun reputatie versterken en sterker en veerkrachtiger uit crises komen dan ooit tevoren. En uiteindelijk kunnen ze op de lange termijn meer succes en duurzaamheid bereiken.

Natuurlijk vereist effectief crisismanagement leiderschap, betrokkenheid en samenwerking op alle niveaus van een organisatie. Maar met de juiste aanpak en mentaliteit kunnen organisaties succesvol door crises heenkomen en er aan de andere kant sterker uit komen. Laten we dus onze mouwen opstropen, aan de slag gaan en crisisbeheersing omarmen als een kans voor groei, veerkracht en succes. Het is aan ons om de toekomst te creëren.

Een productieve werkomgeving creëren: cultuur, samenwerking en welzijn cultiveren

Oké, laten we eens kijken naar een van de meest essentiële aspecten van het succes van een organisatie: het creëren van een productieve werkomgeving. In de snelle en competitieve wereld van vandaag hangt het succes van een organisatie vaak af van haar vermogen om een cultuur van productiviteit, samenwerking en welzijn onder haar werknemers te bevorderen. Laten we dus onze mouwen opstropen en de ins en outs verkennen van het creëren van een productieve werkomgeving, van waarom het belangrijk is tot hoe u dit effectief kunt doen.

Laten we eerst onze voorwaarden definiëren. Een productieve werkomgeving is een werkomgeving waarin werknemers op hun best kunnen presteren, effectief kunnen samenwerken met hun collega's en hun doelen en doelstellingen kunnen bereiken. Het is een omgeving die creativiteit, innovatie en betrokkenheid bevordert en het fysieke, emotionele en mentale welzijn van de medewerkers ondersteunt. Maar het creëren van een productieve werkomgeving gaat niet alleen over het ter beschikking stellen van de juiste hulpmiddelen en middelen; het gaat ook over het cultiveren van een cultuur die productiviteit en welzijn waardeert en ondersteunt.

Waarom is het creëren van een productieve werkomgeving zo belangrijk? Ten eerste is het essentieel voor het aantrekken en behouden van toptalent. Op de huidige competitieve arbeidsmarkt zijn werknemers steeds meer op zoek naar werkplekken die meer bieden dan alleen een salaris; ze willen werken voor organisaties die hun bijdragen waarderen, hun groei en ontwikkeling ondersteunen en een positieve en bevredigende werkomgeving bieden. Door een productieve werkomgeving te creëren kunnen organisaties toptalent aantrekken en behouden, het verloop terugdringen en uiteindelijk op de lange termijn meer succes en duurzaamheid bereiken.

Maar het creëren van een productieve werkomgeving is ook belangrijk voor het stimuleren van de prestaties en het succes van de organisatie. Productieve werknemers zijn meer betrokken, gemotiveerd en toegewijd aan hun werk, wat leidt tot hogere prestatieniveaus, innovatie en klanttevredenheid. Door een cultuur van productiviteit en samenwerking te bevorderen, kunnen organisaties het volledige potentieel van hun werknemers benutten en sneller betere resultaten behalen.

Oké, dus nu we hebben vastgesteld waarom het creëren van een productieve werkomgeving belangrijk is, laten we het hebben over hoe we dit effectief kunnen doen. Effectieve productiviteit begint met cultuur. Creëer een cultuur die hard werken, innovatie en samenwerking waardeert en beloont, en die het fysieke, emotionele en mentale welzijn van haar werknemers ondersteunt. Bevorder open communicatie en transparantie en moedig feedback en inbreng van alle niveaus van de organisatie aan. Door een cultuur van vertrouwen, respect en verantwoordelijkheid te creëren, kunnen organisaties hun werknemers in staat stellen om op hun best te presteren en hun volledige potentieel te bereiken.

Als u eenmaal een productiviteitscultuur heeft gecreëerd, is het belangrijk om de juiste tools en middelen te bieden om het succes van uw medewerkers te ondersteunen. Investeer in training- en ontwikkelingsprogramma's om werknemers te helpen de vaardigheden en capaciteiten op te bouwen die ze nodig hebben om te slagen in hun functie. Bied toegang tot technologie en middelen waarmee werknemers efficiënt en samen kunnen werken, of ze nu op kantoor zijn, op afstand werken of onderweg zijn. En zorg ervoor dat u fysieke werkruimtes creëert die bevorderlijk zijn voor de productiviteit, met veel natuurlijk licht, comfortabel meubilair en ruimtes voor samenwerking en concentratie.

Maar het creëren van een productieve werkomgeving gaat niet alleen over de fysieke omgeving, het gaat ook over het ondersteunen van het welzijn van uw werknemers. Erken dat werknemers mensen zijn met een leven buiten het werk, en streef ernaar een cultuur te creëren die het evenwicht tussen werk en privéleven en flexibiliteit ondersteunt. Bied voordelen en programma's aan die het fysieke, emotionele en mentale welzijn bevorderen, zoals flexibele werktijden, welzijnsprogramma's en toegang tot geestelijke gezondheidszorg. En zorg ervoor dat u het goede voorbeeld geeft, door prioriteit te geven aan uw eigen welzijn en gezonde werkgewoonten voor uw werknemers te modelleren.

Natuurlijk is het creëren van een productieve werkomgeving geen eenmalige inspanning; het is een voortdurend traject van voortdurende verbetering. Sta open voor feedback en input van uw medewerkers, en wees bereid om indien nodig aanpassingen en veranderingen door te voeren om hun behoeften en voorkeuren beter te ondersteunen. En zorg ervoor dat u onderweg successen en mijlpalen viert, om het harde werk en de bijdragen van uw medewerkers te erkennen en te belonen.

Oké, laten we het hebben over de voordelen van het creëren van een productieve werkomgeving. Wanneer organisaties een productieve werkomgeving creëren, kunnen ze een breed scala aan voordelen behalen voor zowel werknemers als de organisatie als geheel. Productieve werknemers zijn meer betrokken, gemotiveerd en toegewijd aan hun werk, wat leidt tot hogere prestatieniveaus, innovatie en klanttevredenheid. Organisaties kunnen toptalent aantrekken en behouden, het verloop terugdringen en uiteindelijk op de lange termijn meer succes en duurzaamheid bereiken. En werknemers kunnen genieten van een grotere werktevredenheid, voldoening en welzijn, wat leidt tot een gelukkiger en gezonder personeelsbestand in het algemeen.

Het creëren van een productieve werkomgeving vereist uiteraard leiderschap, toewijding en samenwerking op alle niveaus van een organisatie. Maar met de juiste aanpak en mentaliteit kunnen organisaties een werkomgeving creëren waarin werknemers kunnen gedijen en slagen. Laten we dus onze mouwen opstropen, aan de slag gaan en een productieve werkomgeving creëren die het succes en het welzijn van alle betrokkenen ondersteunt. Het is aan ons om de toekomst te creëren.

Procesverbetering: verbetering van de efficiëntie, kwaliteit en innovatie

Oké, laten we eens kijken naar een van de meest essentiële aspecten van het succes van een organisatie: procesverbetering. In de huidige snel veranderende en competitieve zakelijke omgeving moeten organisaties er voortdurend naar streven om hun efficiëntie, kwaliteit en innovatie te verbeteren om voorop te blijven lopen en concurrerend te blijven. Laten we dus onze mouwen opstropen en de ins en outs van procesverbetering onderzoeken, van waarom het belangrijk is tot hoe we dit effectief kunnen doen.

Laten we eerst onze voorwaarden definiëren. Procesverbetering is de voortdurende inspanning om de processen en workflows binnen een organisatie te identificeren, analyseren en verbeteren om betere resultaten te bereiken, of het nu gaat om verhoogde efficiëntie, hogere kwaliteit, lagere kosten of meer innovatie. Het omvat het systematisch identificeren van mogelijkheden voor verbetering, het implementeren van veranderingen en innovaties, en het monitoren en meten van de impact van die veranderingen in de tijd. Maar procesverbetering gaat niet alleen over het maken van stapsgewijze aanpassingen; het gaat ook over het uitdagen van de status quo en het stimuleren van betekenisvolle veranderingen om baanbrekende resultaten te bereiken.

Waarom is procesverbetering zo belangrijk? Om te beginnen is het essentieel om concurrerend te blijven in de snelle zakenwereld van vandaag. Naarmate de technologie vordert en de verwachtingen van klanten evolueren, moeten organisaties zich voortdurend aanpassen en innoveren om aan de veranderende behoeften en eisen van hun klanten te voldoen. Door procesverbetering kunnen organisaties hun activiteiten stroomlijnen, verspilling en inefficiëntie elimineren en sneller en kosteneffectiever producten en diensten van hogere kwaliteit leveren. Door hun processen voortdurend te verbeteren, kunnen organisaties de concurrentie voor blijven en hun concurrentievoordeel op de markt behouden. Maar procesverbetering is ook belangrijk voor het stimuleren van innovatie en groei. Door de status quo uit te dagen en creativiteit en experimenten aan te moedigen, kunnen organisaties nieuwe ideeën, kansen en oplossingen ontdekken die innovatie en groei stimuleren. Door procesverbetering kunnen organisaties silo's afbreken, samenwerking bevorderen en een cultuur van continu leren en verbeteren creëren. Door werknemers in staat te stellen eigenaarschap te nemen over hun werk en hun ideeën en inzichten bij te dragen, kunnen organisaties het volledige potentieel van hun personeel benutten en betekenisvolle veranderingen en innovatie stimuleren.

Oké, dus nu we hebben vastgesteld waarom procesverbetering belangrijk is, laten we het hebben over hoe we dit effectief kunnen doen. Effectieve procesverbetering begint met een toewijding aan continu leren en verbeteren. Moedig medewerkers op alle niveaus van de organisatie aan om actief op zoek te gaan naar mogelijkheden voor verbetering en de status quo ter discussie te stellen. Creëer een cultuur die innovatie, creativiteit en samenwerking waardeert en beloont, en zorg voor de tools, middelen en ondersteuning die nodig zijn om betekenisvolle verandering te bewerkstelligen.

Zodra u de mogelijkheden voor verbetering heeft geïdentificeerd, is het belangrijk om deze systematisch en strategisch te benaderen. Begin met het definiëren van duidelijke doelen en doelstellingen voor de verbeteringsinspanningen en stel Key Performance Indicators (KPI's) vast om de voortgang en het succes te meten. Verzamel vervolgens gegevens en informatie om inzicht te krijgen in de huidige status van het proces, inclusief de sterke en zwakke punten en de verbeterpunten. Gebruik tools en technieken zoals het in kaart brengen van processen, analyse van de hoofdoorzaken en benchmarking om mogelijkheden voor verbetering te identificeren en deze te prioriteren op basis van hun potentiële impact en haalbaarheid.

Zodra u mogelijkheden voor verbetering heeft geïdentificeerd, is het tijd om veranderingen en innovaties door te voeren. Zorg ervoor dat u de belangrijkste belanghebbenden en deskundigen op dit gebied bij het proces betrekt, en communiceer open en transparant over de veranderingen die worden doorgevoerd en de redenen daarvoor. Bied training en ondersteuning om werknemers te helpen zich aan de veranderingen aan te passen, en wees bereid om het proces te herhalen en te verfijnen op basis van feedback en geleerde lessen.

Natuurlijk is procesverbetering niet slechts een eenmalige inspanning; het is een voortdurend proces van voortdurend leren en verbeteren. Zorg ervoor dat u de impact van de veranderingen in de loop van de tijd bewaakt en meet, en wees bereid om indien nodig aanpassingen en verfijningen aan te brengen om de gewenste resultaten te bereiken. En zorg ervoor dat u onderweg successen en mijlpalen viert, om het harde werk en de bijdragen van alle betrokkenen te erkennen en te belonen.

Oké, laten we het hebben over de voordelen van effectieve procesverbetering. Als procesverbetering effectief wordt uitgevoerd, kan dit leiden tot een breed scala aan voordelen voor zowel organisaties als individuen. Het kan de efficiëntie, kwaliteit en innovatie verbeteren, wat leidt tot betere producten en diensten, lagere kosten en een grotere klanttevredenheid. Het kan de groei en het concurrentievermogen stimuleren, waardoor organisaties voorop kunnen blijven lopen en relevant kunnen blijven in de huidige, snel veranderende zakelijke omgeving. En het kan werknemers empoweren, samenwerking bevorderen en een cultuur van voortdurend leren en verbeteren creëren, wat leidt tot meer werkplezier, voldoening en welzijn.

Effectieve procesverbetering vereist natuurlijk leiderschap, betrokkenheid en samenwerking op alle niveaus van een organisatie. Maar met de juiste aanpak en mentaliteit kunnen organisaties betekenisvolle veranderingen bewerkstelligen en baanbrekende resultaten bereiken. Laten we dus onze mouwen opstropen, aan de slag gaan en procesverbetering omarmen als katalysator voor groei, innovatie en succes. Het is aan ons om de toekomst te creëren.

Doelen stellen en volgen: navigeren naar succes met duidelijkheid en verantwoordelijkheid

Oké, laten we beginnen aan een reis naar een van de meest fundamentele aspecten van persoonlijke en professionele groei: het stellen en volgen van doelen. In zowel ons persoonlijke als professionele leven is het stellen van duidelijke doelen en het volgen van onze voortgang daarin essentieel voor het bereiken van succes en vervulling. Laten we dus onze mouwen opstropen en de ins en outs verkennen van het stellen en volgen van doelen, van waarom het belangrijk is tot hoe we het effectief kunnen doen.

Laten we eerst onze voorwaarden definiëren. Het stellen van doelen is het proces van het definiëren van specifieke, meetbare, haalbare, relevante en tijdgebonden doelstellingen die we willen bereiken. Of het nu gaat om vooruitgang in onze carrière, het verbeteren van onze gezondheid en conditie, of het leren van nieuwe vaardigheden, het stellen van duidelijke doelen geeft ons richting en doel, en motiveert ons om actie te ondernemen. Maar het stellen van doelen gaat niet alleen over groot dromen; het gaat ook over het opsplitsen van onze doelen in kleinere, beter beheersbare taken en mijlpalen, en het opstellen van een plan om deze te bereiken.

Waarom is het stellen en volgen van doelen zo belangrijk? Ten eerste is het essentieel voor duidelijkheid en focus. In de snelle en afleidende wereld van vandaag is het gemakkelijk om overweldigd te raken en uit het oog te verliezen wat echt belangrijk voor ons is. Het stellen van duidelijke doelen geeft ons duidelijkheid over wat we willen bereiken en waarom het belangrijk voor ons is, en helpt ons onze tijd en energie dienovereenkomstig te prioriteren. Door ons op onze doelen te concentreren, kunnen we voorkomen dat we worden afgeleid door afleidingen en blijven we op koers om onze doelstellingen te bereiken.

Maar het stellen en volgen van doelen is ook belangrijk voor verantwoordelijkheid en motivatie. Wanneer we duidelijke doelen stellen en onze voortgang daarin volgen, houden we onszelf verantwoordelijk voor het ondernemen van actie en het boeken van vooruitgang in de richting van onze doelstellingen. Door regelmatig onze doelen te beoordelen en onze voortgang bij te houden, kunnen we gemotiveerd en geïnspireerd blijven om vooruit te blijven gaan, zelfs als we met obstakels of tegenslagen worden geconfronteerd. En door onderweg onze successen en mijlpalen te vieren, kunnen we onze vooruitgang versterken en momentum opbouwen om onze doelen te bereiken.

Oké, dus nu we hebben vastgesteld waarom het stellen en volgen van doelen belangrijk is, laten we het hebben over hoe we dit effectief kunnen doen. Effectief doelen stellen begint met duidelijkheid. Neem de tijd om na te denken over wat echt belangrijk voor u is en wat u wilt bereiken in uw persoonlijke en professionele leven. Stel doelen die specifiek, meetbaar, haalbaar, relevant en tijdgebonden zijn (SMART), en deel ze op in kleinere, beter beheersbare taken en mijlpalen.

Nadat u uw doelen heeft gesteld, is het belangrijk om een plan te maken om deze te bereiken. Identificeer de stappen en acties die u moet ondernemen om dichter bij uw doelstellingen te komen, en maak een tijdlijn en planning voor het voltooien ervan. Zorg ervoor dat u uw taken prioriteert en u eerst concentreert op de belangrijkste en meest impactvolle acties, en wees bereid uw plan indien nodig aan te passen als reactie op feedback en veranderende omstandigheden.

Maar het stellen en bijhouden van doelen gaat niet alleen over plannen, het gaat ook over het ondernemen van actie. Wees proactief in het nemen van de noodzakelijke stappen om uw doelen te bereiken, en wees gedisciplineerd en consistent in uw inspanningen. Blijf gefocust en toegewijd aan uw doelstellingen, en wees bereid om onderweg obstakels en uitdagingen te overwinnen. En zorg ervoor dat u uw voortgang regelmatig bijhoudt, om ervoor te zorgen dat u op koers blijft in de richting van het bereiken van uw doelen en waar nodig de nodige aanpassingen doorvoert. Natuurlijk is het stellen en volgen van doelen geen eenmalige inspanning; het is een voortdurend proces van reflectie, planning, actie en evaluatie. Zorg ervoor dat u uw doelen en voortgang regelmatig evalueert, en onderweg uw successen en mijlpalen viert. Gebruik tools en technieken zoals het bijhouden van dagboeken, apps voor het stellen van doelen of verantwoordingspartners om u te helpen op koers en gemotiveerd te blijven, en wees bereid om ondersteuning en begeleiding te zoeken wanneer dat nodig is.

Oké, laten we het hebben over de voordelen van het effectief stellen en bijhouden van doelen. Als het effectief wordt gedaan, kan het stellen en volgen van doelen leiden tot een breed scala aan voordelen voor zowel individuen als organisaties. Het kan duidelijkheid en focus bieden, waardoor we onze tijd en energie kunnen besteden aan het bereiken van onze doelstellingen. Het kan ons verantwoordelijk houden voor het ondernemen van actie en het boeken van vooruitgang in de richting van onze doelen, zelfs als we met obstakels of tegenslagen worden geconfronteerd. En het kan ons motiveren en inspireren om door te gaan, zelfs als het moeilijk wordt.

Natuurlijk vereist het effectief stellen en volgen van doelen discipline, toewijding en doorzettingsvermogen. Maar met de juiste aanpak en mentaliteit kunnen we opmerkelijke resultaten bereiken en ons volledige potentieel ontsluiten. Laten we dus onze mouwen opstropen, aan de slag gaan en het stellen en volgen van doelen omarmen als een krachtig hulpmiddel voor persoonlijke en professionele groei en succes. Het is aan ons om de toekomst te creëren.

Strategische planning: de koers naar succes uitstippelen met visie en doel

Oké, laten we ons verdiepen in een van de meest kritische aspecten van het succes van een organisatie: strategische planning. In het huidige dynamische en competitieve zakelijke landschap moeten organisaties een duidelijke visie, doel en plan hebben om door de complexiteit van de markt te navigeren en hun langetermijndoelstellingen te bereiken. Laten we dus onze mouwen opstropen en de ins en outs van strategische planning onderzoeken, van waarom het belangrijk is tot hoe we het effectief kunnen doen.

Laten we eerst onze voorwaarden definiëren. Strategische planning is het proces waarbij de langetermijnvisie, missie en doelstellingen van een organisatie worden gedefinieerd en een alomvattend plan wordt ontwikkeld om deze te bereiken. Het omvat het analyseren van de interne en externe omgeving, het identificeren van kansen en bedreigingen en het stellen van duidelijke doelen en prioriteiten voor de organisatie. Maar strategische planning gaat niet alleen over het stellen van doelen; het gaat ook over het opstellen van een routekaart en een actieplan om de organisatie naar de gewenste toekomstige situatie te leiden.

Waarom is strategische planning zo belangrijk? Ten eerste biedt het richting en een doel. In de snelle en complexe zakelijke omgeving van vandaag moeten organisaties een duidelijk gevoel van richting en doel hebben om de onzekerheden en uitdagingen waarmee ze worden geconfronteerd te kunnen navigeren. Strategische planning stelt organisaties in staat hun langetermijnvisie en -doelstellingen te definiëren en een routekaart te creëren om hun beslissingen en acties te begeleiden. Door iedereen in de organisatie op één lijn te brengen rond een gemeenschappelijke visie en doel, draagt strategische planning bij aan het creëren van duidelijkheid, focus en afstemming, en zorgt ervoor dat iedereen naar dezelfde doelen toewerkt. Maar strategische planning is ook belangrijk voor het stimuleren van de prestaties en het succes van de organisatie. Door duidelijke doelen en prioriteiten te stellen, helpt strategische planning organisaties hun middelen en investeringen effectiever toe te wijzen en zich te concentreren op activiteiten en initiatieven die de grootste impact zullen hebben op hun succes op de lange termijn. Het helpt organisaties te anticiperen op en te reageren op veranderingen in de markt, en te kapitaliseren op kansen voor groei en innovatie. En het biedt een raamwerk voor het evalueren van prestaties en vooruitgang, en het aanbrengen van aanpassingen en verfijningen als dat nodig is om op koers te blijven richting het bereiken van hun doelstellingen.

Oké, dus nu we hebben vastgesteld waarom strategische planning belangrijk is, laten we het hebben over hoe we dit effectief kunnen doen. Effectieve strategische planning begint met een duidelijk begrip van de visie, missie en waarden van de organisatie. Neem de tijd om na te denken over waar uw organisatie voor staat, wat u wilt bereiken en hoe u een verschil wilt maken in de wereld. Definieer uw langetermijnvisie en -doelstellingen en formuleer een overtuigende missieverklaring die de essentie weergeeft van waar uw organisatie voor staat.

Nadat u uw visie en missie heeft gedefinieerd, is het tijd om een strategische analyse uit te voeren van de interne en externe omgeving. Evalueer de sterke en zwakke punten, kansen en bedreigingen van uw organisatie en identificeer de belangrijkste trends, drijfveren en factoren die de markt en de sector vormgeven. Houd rekening met de behoeften en voorkeuren van uw klanten, de acties en strategieën van uw concurrenten, en de bredere economische, politieke en sociale krachten die een rol spelen. Door inzicht te krijgen in de krachten die in uw omgeving aan het werk zijn, kunt u beter anticiperen en reageren op veranderingen en kansen, en uw organisatie positioneren voor succes.

Nadat u uw strategische analyse heeft uitgevoerd, is het tijd om duidelijke doelen en prioriteiten voor uw organisatie te stellen. Definieer specifieke, meetbare, haalbare, relevante en tijdgebonden (SMART) doelstellingen die u zullen helpen uw langetermijnvisie en missie te verwezenlijken. Geef prioriteit aan uw doelen op basis van hun strategisch belang en potentiële impact, en maak een routekaart en actieplan om uw inspanningen te begeleiden. Zorg ervoor dat u de belangrijkste belanghebbenden bij het planningsproces betrekt en communiceer open en transparant over uw doelen en prioriteiten, en de redenen daarachter.

Natuurlijk gaat strategische planning niet alleen over het stellen van doelen, maar ook over de uitvoering ervan. Wees proactief bij het implementeren van uw strategisch plan en wijs uw middelen en investeringen strategisch toe om uw doelen en prioriteiten te ondersteunen. Houd uw voortgang en prestaties regelmatig in de gaten en wees bereid om indien nodig aanpassingen en verfijningen aan te brengen om op koers te blijven richting het bereiken van uw doelstellingen. En zorg ervoor dat u onderweg successen en mijlpalen viert, om het harde werk en de bijdragen van alle betrokkenen te erkennen en te belonen.

Oké, laten we het hebben over de voordelen van effectieve strategische planning. Wanneer het effectief wordt uitgevoerd, kan strategische planning leiden tot een breed scala aan voordelen voor zowel organisaties als individuen. Het biedt richting en doel en helpt organisaties door de complexiteit van de markt te navigeren en hun langetermijndoelstellingen te bereiken. Het stimuleert de prestaties en het succes van de organisatie, door iedereen op één lijn te brengen rond een gemeenschappelijke visie en doel, en door middelen en inspanningen te richten op activiteiten en initiatieven die de grootste impact zullen hebben. En het bevordert een cultuur van innovatie en leren, door organisaties aan te moedigen te anticiperen en te reageren op veranderingen in de markt, en te kapitaliseren op kansen voor groei en verbetering. Effectieve strategische planning vereist natuurlijk leiderschap, betrokkenheid en samenwerking op alle niveaus van een organisatie. Maar met de juiste aanpak en mentaliteit kunnen organisaties een koers naar succes uitstippelen en opmerkelijke resultaten behalen. Laten we dus onze mouwen opstropen, aan de slag gaan en strategische planning omarmen als een krachtig instrument om onze langetermijndoelstellingen te bereiken en een positieve impact in de wereld te maken. Het is aan ons om de toekomst te creëren.

Besluitvorming: navigeren door complexiteit met duidelijkheid en vertrouwen

Oké, laten we ons verdiepen in een van de meest kritische aspecten van leiderschap en organisatorisch succes: besluitvorming. In zowel ons persoonlijke als professionele leven is het vermogen om goede beslissingen te nemen essentieel voor het bereiken van onze doelen, het oplossen van problemen en het navigeren door de complexiteit van het leven. Laten we dus onze mouwen opstropen en de ins en outs van besluitvorming verkennen, van waarom het belangrijk is tot hoe we het effectief kunnen doen.

Laten we eerst onze voorwaarden definiëren. Besluitvorming is het proces waarbij een handelwijze wordt geselecteerd uit meerdere alternatieven, op basis van zorgvuldige evaluatie en overweging van relevante informatie, factoren en gevolgen. Of het nu gaat om het kiezen tussen verschillende carrièrepaden, het beslissen over een grote aankoop of het nemen van strategische zakelijke beslissingen, effectieve besluitvorming vereist duidelijkheid, analyse en oordeelsvermogen. Maar besluitvorming gaat niet alleen over het maken van keuzes; het gaat ook over het beheersen van risico's, onzekerheden en afwegingen, en het nemen van verantwoordelijkheid voor de uitkomsten van onze beslissingen.

Dus waarom is besluitvorming zo belangrijk? Ten eerste is het essentieel voor het oplossen van problemen en het bereiken van onze doelen. In de complexe en snelle wereld van vandaag worden we voortdurend geconfronteerd met een veelheid aan keuzes en uitdagingen, van alledaagse beslissingen zoals wat we eten tijdens de lunch tot meer complexe beslissingen zoals welk baanaanbod we moeten accepteren of welke bedrijfsstrategie we moeten volgen. Effectieve besluitvorming stelt ons in staat onze opties af te wegen, de voor- en nadelen te evalueren en de beste handelwijze te kiezen om onze doelstellingen te bereiken.

Maar besluitvorming is ook belangrijk voor leiderschap en organisatorisch succes. Leiders worden vaak opgeroepen om moeilijke beslissingen te nemen die impact hebben op hun teams, organisaties en belanghebbenden. Of het nu gaat om het beslissen over de lancering van een nieuw product, het toewijzen van middelen of het beheersen van een crisis, effectieve besluitvorming is essentieel om leiding te kunnen geven met duidelijkheid, vertrouwen en integriteit. Door weloverwogen, doordachte beslissingen te nemen, kunnen leiders vertrouwen wekken bij hun teams en belanghebbenden, en de prestaties en het succes van de organisatie stimuleren.

Oké, dus nu we hebben vastgesteld waarom besluitvorming belangrijk is, laten we het hebben over hoe we dit effectief kunnen doen. Effectieve besluitvorming begint met duidelijkheid. Neem de tijd om uw doelstellingen en prioriteiten te definiëren en verduidelijk wat u met uw beslissing probeert te bereiken. Overweeg de beschikbare alternatieven en hun potentiële resultaten, en identificeer de criteria en factoren die voor u het belangrijkst zijn. Door uw doelen en criteria duidelijk te definiëren, kunt u uw aandacht en inspanningen richten op het evalueren van de opties die voor u het meest relevant en betekenisvol zijn.

Zodra u uw doelstellingen en criteria duidelijk heeft gemaakt, is het tijd om relevante informatie te verzamelen en te analyseren. Neem de tijd om onderzoek te doen en gegevens te verzamelen, en houd rekening met de perspectieven en meningen van anderen die mogelijk door uw beslissing worden beïnvloed. Gebruik tools en technieken zoals SWOT-analyse, kosten-batenanalyse of beslissingsbomen om de voor- en nadelen van elk alternatief te evalueren en de potentiële risico's en onzekerheden ervan te beoordelen. Door een systematische en analytische benadering van de besluitvorming te volgen, kunt u beter geïnformeerde en rationele keuzes maken die zijn gebaseerd op bewijsmateriaal en logica.

Maar besluitvorming gaat niet alleen over analyse, het gaat ook over oordeel. Vertrouw op je instinct en intuïtie, en wees bereid om naar je onderbuikgevoelens en emoties te luisteren. Hoewel het belangrijk is om rekening te houden met de feiten en het bewijsmateriaal, kan onze intuïtie soms waardevolle inzichten en richtlijnen bieden die niet alleen uit gegevens kunnen worden afgeleid.

Sta open voor het verkennen van verschillende perspectieven en gezichtspunten, en zoek naar uiteenlopende meningen en feedback om uw beslissing te onderbouwen. En wees bereid moeilijke keuzes en afwegingen te maken, zelfs als deze niet gemakkelijk of populair zijn, en neem de verantwoordelijkheid voor de uitkomsten van uw beslissingen.

Natuurlijk is besluitvorming geen eenmalige gebeurtenis; het is een voortdurend proces van leren en aanpassen. Wees bereid om uitkomsten van uw beslissingen te monitoren en te evalueren, en wees bereid om uw aanpak indien nodig aan te passen en te verfijnen op basis van feedback en ervaring. Leer van uw successen en mislukkingen en gebruik ze als kansen voor groei en verbetering. En zorg ervoor dat u onderweg successen en mijlpalen viert, om het harde werk en de bijdragen van alle betrokkenen te erkennen en te belonen.

Oké, laten we het hebben over de voordelen van effectieve besluitvorming. Wanneer het effectief wordt gedaan, kan besluitvorming leiden tot een breed scala aan voordelen voor zowel individuen als organisaties. Het kan ons helpen onze doelen te bereiken, problemen op te lossen en met helderheid en vertrouwen door de complexiteit van het leven te navigeren. Het kan leiderschap en organisatorisch succes stimuleren, door vertrouwen te wekken bij teams en belanghebbenden, en door prestaties en innovatie te stimuleren. En het kan uiteindelijk leiden tot grotere voldoening, tevredenheid en succes in zowel ons persoonlijke als professionele leven.

Natuurlijk vereist effectieve besluitvorming oefening, geduld en doorzettingsvermogen. Maar met de juiste aanpak en mentaliteit kunnen we bekwamere en zelfverzekerdere besluitvormers worden, die in staat zijn om met helderheid en vertrouwen door de complexiteit van het leven te navigeren. Laten we dus onze mouwen opstropen, aan de slag gaan en besluitvorming omarmen als een krachtig instrument om onze doelen te bereiken en een positieve impact in de wereld te maken. Het is aan ons om de toekomst te creëren.

Innovatie en creativiteit: ontketen de kracht van verbeelding en vindingrijkheid

Oké, laten we beginnen aan een reis naar een van de meest transformerende krachten ter wereld: innovatie en creativiteit. Zowel in ons persoonlijke als professionele leven stimuleren innovatie en creativiteit vooruitgang, zorgen ze voor nieuwe ideeën en inspireren ze tot baanbrekende oplossingen voor enkele van de meest urgente uitdagingen waarmee we worden geconfronteerd. Laten we dus onze mouwen opstropen en de ins en outs van innovatie en creativiteit onderzoeken, van waarom ze belangrijk zijn tot hoe we ze effectief kunnen cultiveren.

Laten we eerst onze voorwaarden definiëren. Innovatie is het proces van het ontwikkelen van nieuwe ideeën, producten, diensten of processen die waarde creëren en tegemoetkomen aan onvervulde behoeften op de markt. Het gaat over anders denken, het uitdagen van de status quo en het verleggen van de grenzen van wat mogelijk is. Creativiteit daarentegen is het vermogen om nieuwe en nuttige ideeën, inzichten en oplossingen te genereren die origineel en fantasierijk zijn. Het gaat erom dat we onze aangeboren nieuwsgierigheid, verbeeldingskracht en intuïtie aanboren en deze benutten om problemen op te lossen en iets nieuws te creëren.

Waarom zijn innovatie en creativiteit zo belangrijk? Ten eerste zijn ze essentieel voor het stimuleren van vooruitgang en groei. In de snelle en dynamische wereld van vandaag moeten organisaties voortdurend innoveren en zich aanpassen om voorop te blijven lopen en concurrerend te blijven. Innovatie en creativiteit voeden de economische groei, stimuleren technologische vooruitgang en verbeteren onze levenskwaliteit door problemen op te lossen, banen te creëren en ondernemerschap te bevorderen. Door een cultuur van innovatie en creativiteit te bevorderen, kunnen organisaties nieuwe kansen ontsluiten, duurzame groei stimuleren en een positieve impact in de wereld maken.

Maar innovatie en creativiteit zijn ook belangrijk voor persoonlijke en professionele ontplooiing. Ze stellen ons in staat onszelf te uiten, nieuwe ideeën te verkennen en onszelf buiten onze comfortzone te duwen. Ze inspireren ons om groots te dromen, risico's te nemen en mislukkingen te omarmen als een natuurlijk onderdeel van het leerproces. Door onze creativiteit te cultiveren en innovatie te omarmen, kunnen we ons volledige potentieel benutten, betekenis en doel in ons werk vinden en een verschil maken in de levens van anderen.

Oké, dus nu we hebben vastgesteld waarom innovatie en creativiteit belangrijk zijn, laten we het hebben over hoe we deze effectief kunnen cultiveren. Effectieve innovatie en creativiteit beginnen met het bevorderen van een cultuur die experimenten, verkenningen en samenwerking waardeert en ondersteunt. Creëer een omgeving waarin iedereen zich gesterkt voelt om zijn ideeën te delen, risico's te nemen en de status quo uit te dagen. Moedig cross-functionele samenwerking en diversiteit van gedachten aan, en zorg voor de middelen, ondersteuning en prikkels die nodig zijn om ideeën tot leven te brengen.

Als je eenmaal een cultuur van innovatie en creativiteit hebt gekoesterd, is het belangrijk om de juiste tools en processen te bieden om deze te ondersteunen. Creëer ruimtes en mogelijkheden voor brainstorming, ideevorming en experimenten, en bied toegang tot middelen en expertise die kunnen helpen ideeën tot bloei te brengen. Moedig werknemers aan om hun passies en interesses na te streven, en geef hen de autonomie en flexibiliteit om nieuwe ideeën en benaderingen te verkennen. En zorg ervoor dat u de bijdragen viert en erkent van degenen die risico's nemen en de grenzen verleggen van wat mogelijk is.

Maar innovatie en creativiteit gaan niet alleen over het bedenken van nieuwe ideeën; het gaat ook over het omzetten van die ideeën in actie. Moedig een voorkeur voor actie en experimenteren aan, en creëer een cultuur die mislukking omarmt als een natuurlijk onderdeel van het innovatieproces. Stimuleer medewerkers om hun ideeën snel en goedkoop te testen en gaandeweg te leren van hun successen en mislukkingen. En zorg ervoor dat u de ondersteuning en middelen biedt die nodig zijn om ideeën te laten slagen, of het nu gaat om financiering, expertise of toegang tot netwerken en partnerschappen.

Natuurlijk vereisen innovatie en creativiteit leiderschap, toewijding en doorzettingsvermogen. Maar met de juiste aanpak en mentaliteit kunnen organisaties het volledige potentieel van hun mensen ontsluiten en opmerkelijke resultaten behalen. Laten we dus onze mouwen opstropen, aan de slag gaan en innovatie en creativiteit omarmen als krachtige krachten die vooruitgang, groei en positieve verandering in de wereld stimuleren. Het is aan ons om de toekomst te creëren.

Netwerken: verbindingen opbouwen voor succes en groei

Oké, laten we eens kijken naar een van de meest essentiële vaardigheden voor persoonlijk en professioneel succes: netwerken. In de onderling verbonden wereld van vandaag is het opbouwen en onderhouden van relaties met anderen cruciaal voor het bevorderen van onze carrière, het bereiken van onze doelen en het ontsluiten van nieuwe kansen. Laten we dus onze mouwen opstropen en de ins en outs van netwerken onderzoeken, van waarom het belangrijk is tot hoe je het effectief kunt doen.

Laten we eerst onze voorwaarden definiëren. Netwerken is het proces van het cultiveren van relaties met andere individuen of groepen met als doel informatie, bronnen en kansen te delen. Het gaat om het opbouwen en onderhouden van een netwerk van contacten die ondersteuning, advies en verwijzingen kunnen bieden, en die ons kunnen helpen bij het navigeren door de complexiteit van ons persoonlijke en professionele leven. Maar netwerken gaat niet alleen over het leggen van verbindingen; het gaat ook over het opbouwen van vertrouwen, verstandhouding en wederzijds voordeel, en het cultiveren van relaties die betekenisvol en duurzaam zijn.

Waarom is netwerken dan zo belangrijk? Ten eerste is het essentieel voor loopbaanontwikkeling en professionele ontwikkeling. Op de huidige competitieve arbeidsmarkt kan het hebben van een sterk netwerk van contacten ons een concurrentievoordeel geven als het gaat om het vinden van vacatures, het veiligstellen van verwijzingen en het bevorderen van onze carrière. Door te netwerken kunnen we de verborgen arbeidsmarkt aanboren, waar veel vacatures worden ingevuld via verwijzingen en mond-tot-mondreclame, in plaats van via traditionele vacatures. Door relaties op te bouwen en te onderhouden met anderen in onze branche of vakgebied, kunnen we onze zichtbaarheid vergroten, onze kennis en vaardigheden uitbreiden en onszelf positioneren voor succes.

Maar netwerken is ook belangrijk voor persoonlijke groei en voldoening. Door relaties met anderen op te bouwen, kunnen we leren van hun ervaringen, perspectieven en inzichten, en nieuwe ideeën, perspectieven en groeimogelijkheden verwerven. Netwerken biedt een ondersteuningssysteem van gelijkgestemde individuen die aanmoediging, advies en feedback kunnen bieden, en die ons kunnen helpen de uitdagingen en onzekerheden van het leven het hoofd te bieden. Door ons te omringen met een divers en ondersteunend netwerk van contacten kunnen we onze horizon verbreden, onze perspectieven verbreden en ons leven op zinvolle en lonende manieren verrijken.

Oké, dus nu we hebben vastgesteld waarom netwerken belangrijk is, laten we het hebben over hoe we dit effectief kunnen doen. Effectief netwerken begint met authenticiteit en oprechte interesse in anderen. Benader netwerken als een kans om betekenisvolle en authentieke relaties met anderen op te bouwen, in plaats van als een transactionele uitwisseling van gunsten of kansen. Neem de tijd om mensen op persoonlijk niveau te leren kennen en toon oprechte interesse in hun interesses, passies en doelen. Door vertrouwen en een verstandhouding met anderen op te bouwen, kunt u een sterke basis creëren voor een duurzame en wederzijds voordelige relatie.

Als je eenmaal een band met iemand hebt opgebouwd, is het belangrijk om die relatie in de loop van de tijd te koesteren en te onderhouden. Houd regelmatig contact met uw contacten, of dit nu via e-mail, telefoongesprekken, sociale media of persoonlijke ontmoetingen is. Deel updates over uw leven en carrière en toon oprechte interesse in hun successen, uitdagingen en ambities. Wees proactief in het bieden van ondersteuning, advies en doorverwijzingen wanneer u kunt, en wees bereid om hulp of ondersteuning te vragen wanneer u die nodig heeft. Door tijd en moeite te investeren in het onderhouden van uw relaties, kunt u een sterk en ondersteunend netwerk opbouwen dat er voor u zal zijn wanneer u dit het meest nodig heeft.

Maar netwerken gaat niet alleen over het opbouwen van relaties; het gaat ook over iets teruggeven aan uw netwerk en in ruil daarvoor waarde bijdragen. Zoek naar mogelijkheden om anderen in uw netwerk te ondersteunen en te versterken, of dit nu is door advies te geven, introducties te doen of mogelijkheden voor samenwerking te bieden. Wees genereus met uw tijd, expertise en middelen, en wees bereid om daar waar mogelijk voor te betalen. Door waarde toe te voegen aan uw netwerk kunt u uw relaties versterken, vertrouwen en welwillendheid opbouwen en een netwerk creëren dat wederzijds ondersteunend en nuttig is voor alle betrokkenen.

Natuurlijk vereist effectief netwerken geduld, doorzettingsvermogen en veerkracht. Het opbouwen van betekenisvolle relaties kost tijd en moeite, en niet elke verbinding zal tot onmiddellijke resultaten leiden. Maar met de juiste aanpak en mentaliteit kan netwerken een krachtig hulpmiddel zijn om onze carrière vooruit te helpen, onze doelen te bereiken en ons leven te verrijken. Dus laten we onze mouwen opstropen, eropuit gaan en beginnen met het opbouwen van onze netwerken. Het is aan ons om de toekomst te creëren, en onze netwerken zijn onze bondgenoten bij het verwezenlijken van onze dromen.

Stakeholdermanagement: relaties opbouwen voor succes en duurzaamheid

Oké, laten we ons verdiepen in een van de meest cruciale aspecten van projectmanagement en organisatorisch succes: stakeholdermanagement. Bij elk project of initiatief zijn er verschillende individuen, groepen of organisaties die belang hebben bij de uitkomsten. Het effectief managen van deze stakeholders is essentieel voor het verkrijgen van hun steun, het omgaan met uitdagingen en het behalen van succes. Laten we dus onze mouwen opstropen en de ins en outs van stakeholdermanagement onderzoeken, van waarom het belangrijk is tot hoe we het effectief kunnen doen.

Laten we eerst onze voorwaarden definiëren. Stakeholdermanagement is het proces van het identificeren, betrekken en communiceren met individuen, groepen of organisaties die een belang of aandeel hebben in een project of initiatief. Het gaat om het begrijpen van hun behoeften, verwachtingen en zorgen, en het proactief werken om deze gedurende de gehele levenscyclus van het project aan te pakken. Maar stakeholdermanagement gaat niet alleen over het beheren van relaties; het gaat ook over het opbouwen van vertrouwen, samenwerking en wederzijds voordeel, en het creëren van een win-winresultaat voor alle betrokken partijen.

Waarom is stakeholdermanagement zo belangrijk? Ten eerste is het essentieel voor het succes van projecten. Bij elk project of initiatief kunnen belanghebbenden een aanzienlijke impact hebben op de resultaten ervan, of dit nu via hun steun, tegenstand, middelen of invloed is. Door belanghebbenden vroeg en vaak te betrekken en hen te betrekken bij belangrijke beslissingen en discussies, kunnen projectmanagers hun steun en steun verwerven en de kans op succes vergroten. Stakeholdermanagement helpt ook potentiële risico's en problemen vroegtijdig te identificeren, waardoor projectmanagers deze proactief kunnen aanpakken en de impact ervan op het project kunnen beperken.

Maar stakeholdermanagement is ook belangrijk voor het succes en de duurzaamheid van de organisatie. In de huidige onderling verbonden en onderling afhankelijke wereld moeten organisaties rekening houden met de behoeften en belangen van een breed scala aan belanghebbenden, waaronder werknemers, klanten, investeerders, toezichthouders en de gemeenschap. Door op een betekenisvolle en transparante manier met belanghebbenden in gesprek te gaan, kunnen organisaties vertrouwen, geloofwaardigheid en welwillendheid opbouwen en een positieve reputatie en merkimago creëren. Stakeholdermanagement helpt organisaties ook te anticiperen en reageren op opkomende trends en problemen, en hun strategieën en praktijken aan te passen om voorop te blijven lopen.

Oké, dus nu we hebben vastgesteld waarom stakeholdermanagement belangrijk is, laten we het hebben over hoe we dit effectief kunnen doen. Effectief stakeholdermanagement begint met het identificeren en begrijpen van uw stakeholders. Neem de tijd om alle individuen, groepen of organisaties die belang hebben bij uw project of initiatief in kaart te brengen, en analyseer hun behoeften, verwachtingen en zorgen. Houd rekening met hun mate van invloed, macht en interesse in het project, en prioriteer uw inspanningen dienovereenkomstig.

Zodra u uw belanghebbenden heeft geïdentificeerd, is het belangrijk om vroeg en vaak met hen in gesprek te gaan. Communiceer open en transparant over uw project of initiatief en betrek belanghebbenden bij belangrijke beslissingen en discussies die hen aangaan. Luister actief naar hun feedback en zorgen, en speel in op hun behoeften en interesses. Door belanghebbenden bij het proces te betrekken, kunt u hun steun en betrokkenheid winnen en de kans op succes vergroten.

Maar stakeholdermanagement gaat niet alleen over communicatie, het gaat ook over het opbouwen van relaties. Neem de tijd om vertrouwen en een goede verstandhouding met uw belanghebbenden op te bouwen, en investeer in het onderhouden van positieve en constructieve relaties met hen in de loop van de tijd. Wees proactief in het op de hoogte houden van belanghebbenden over de voortgang van het project en wees transparant over eventuele uitdagingen of problemen die zich voordoen. En zorg ervoor dat u de bijdragen van uw belanghebbenden erkent en erkent, en onderweg successen en mijlpalen viert.

Uiteraard vereist stakeholdermanagement leiderschap, empathie en veerkracht. Het opbouwen en onderhouden van positieve relaties met belanghebbenden kan een uitdaging zijn, vooral als er concurrerende belangen of prioriteiten in het spel zijn. Maar met de juiste aanpak en mentaliteit kan stakeholdermanagement een krachtig instrument zijn voor het bereiken van projectsucces en organisatorische duurzaamheid. Laten we dus onze mouwen opstropen, aan de slag gaan en stakeholdermanagement omarmen als een belangrijke motor voor succes en impact. De toekomst moeten wij creëren, en onze belanghebbenden zijn onze partners bij het bereiken van onze doelstellingen.

Cross-functionele samenwerking: eenheid bevorderen voor collectief succes

Oké, laten we ons verdiepen in een van de meest kritische aspecten van de effectiviteit van een organisatie: cross-functionele samenwerking. In de huidige onderling verbonden en complexe zakelijke omgeving is het vermogen om effectief te werken tussen verschillende functies en afdelingen essentieel voor het stimuleren van innovatie, het bereiken van strategische doelstellingen en het leveren van waarde aan klanten. Laten we dus onze mouwen opstropen en de ins en outs van cross-functionele samenwerking onderzoeken, van waarom het belangrijk is tot hoe we dit effectief kunnen doen.

Laten we eerst onze voorwaarden definiëren. Cross-functionele samenwerking is het proces waarbij individuen of teams uit verschillende functies of afdelingen binnen een organisatie samen worden gebracht om aan een gemeenschappelijk doel of doelstelling te werken. Het gaat om het afbreken van silo's, het bevorderen van communicatie en samenwerking, en het benutten van de diverse perspectieven, vaardigheden en expertise van teamleden om problemen op te lossen, beslissingen te nemen en resultaten te bereiken. Maar cross-functionele samenwerking gaat niet alleen over samenwerken; het gaat ook over het opbouwen van vertrouwen, respect en eenheid, en het creëren van een cultuur van teamwerk en wederzijdse ondersteuning.

Waarom is cross-functionele samenwerking zo belangrijk? Ten eerste is het essentieel voor het stimuleren van innovatie en creativiteit. In de huidige snel veranderende en competitieve zakelijke omgeving is innovatie vaak de sleutel tot succes. Door individuen met verschillende achtergronden, ervaringen en perspectieven samen te brengen, stelt cross-functionele samenwerking organisaties in staat een breed scala aan ideeën, inzichten en expertise aan te boren en innovatieve oplossingen voor complexe problemen te genereren. Samenwerking bevordert de creativiteit, leidt tot nieuwe ideeën en moedigt experimenten en het nemen van risico's aan, wat leidt tot baanbrekende innovaties die groei en concurrentievermogen stimuleren.

Maar cross-functionele samenwerking is ook belangrijk voor het bereiken van strategische doelstellingen en het leveren van waarde aan klanten. Veel van de meest urgente uitdagingen en kansen van vandaag zijn complex en veelzijdig, en vereisen input en expertise van meerdere functies of afdelingen binnen een organisatie. Door over verschillende functies heen samen te werken, kunnen organisaties hun inspanningen en middelen afstemmen op gemeenschappelijke doelen en doelstellingen, en resultaten bereiken die groter zijn dan de som der delen. Door samenwerking kunnen organisaties hun collectieve krachten, middelen en capaciteiten benutten en naadloze en geïntegreerde oplossingen leveren die voldoen aan de behoeften en verwachtingen van hun klanten.

Oké, dus nu we hebben vastgesteld waarom cross-functionele samenwerking belangrijk is, laten we het hebben over hoe we dit effectief kunnen doen. Effectieve cross-functionele samenwerking begint met leiderschap en toewijding van het senior management. Leiders moeten de toon en verwachtingen voor samenwerking zetten en een cultuur creëren die teamwerk, communicatie en samenwerking waardeert en beloont. Ze moeten silo's en barrières afbreken die samenwerking in de weg staan, en structuren en processen creëren die cross-functionele communicatie en coördinatie mogelijk maken.

Zodra de basis voor samenwerking gelegd is, is het belangrijk om duidelijke doelen, rollen en verantwoordelijkheden voor multifunctionele teams vast te stellen. Definieer de doelstellingen en reikwijdte van de samenwerking en verduidelijk de rollen en verantwoordelijkheden van teamleden uit verschillende functies of afdelingen. Stel duidelijke verwachtingen voor communicatie, besluitvorming en verantwoording, en zorg voor regelmatige check-ins en updates om de voortgang te monitoren en eventuele problemen of zorgen die zich voordoen aan te pakken.

Maar effectieve cross-functionele samenwerking vereist ook effectieve vaardigheden op het gebied van communicatie en het opbouwen van relaties. Stimuleer open en transparante communicatie tussen teamleden en creëer mogelijkheden voor het delen van ideeën, feedback en best practices. Stimuleer een cultuur van vertrouwen, respect en wederzijdse steun, waarin teamleden zich op hun gemak voelen bij het uiten van hun mening en het uitdagen van de status quo. En wees proactief bij het oplossen van conflicten of misverstanden die zich kunnen voordoen, en concentreer u op het vinden van win-winoplossingen die tegemoetkomen aan de behoeften en belangen van alle betrokken partijen.

Uiteraard vereist cross-functionele samenwerking geduld, doorzettingsvermogen en veerkracht. Het opbouwen en onderhouden van effectieve samenwerkingen kan een uitdaging zijn, vooral als er concurrerende prioriteiten of belangen in het spel zijn. Maar met de juiste aanpak en mentaliteit kunnen organisaties de kracht van cross-functionele samenwerking benutten om innovatie te stimuleren, strategische doelstellingen te bereiken en waarde aan klanten te leveren. Laten we dus onze mouwen opstropen, aan de slag gaan en cross-functionele samenwerking omarmen als een belangrijke motor voor succes en impact van de organisatie. Het is aan ons om de toekomst te creëren, en samen kunnen we opmerkelijke resultaten bereiken.

Continu leren: groei omarmen voor persoonlijke en professionele ontwikkeling

Oké, laten we beginnen aan een reis naar een van de meest transformatieve praktijken voor persoonlijke en professionele groei: continu leren. In de snel evoluerende wereld van vandaag is het vermogen om zich aan te passen, te leren en te groeien essentieel om relevant te blijven, succes te behalen en een bevredigend leven te leiden. Laten we dus onze mouwen opstropen en de ins en outs van continu leren onderzoeken, van waarom het belangrijk is tot hoe we het effectief kunnen cultiveren.

Laten we eerst onze voorwaarden definiëren. Continu leren is de praktijk van het actief zoeken naar nieuwe kennis, vaardigheden en ervaringen, met als doel onszelf te verbeteren, onze carrière vooruit te helpen en onze doelen te bereiken. Het impliceert een mentaliteit van nieuwsgierigheid, openheid en bereidheid om te leren, en een toewijding aan levenslange ontwikkeling en verbetering. Maar bij continu leren gaat het niet alleen om het verwerven van kennis; het gaat ook om het toepassen van wat we leren, het reflecteren op onze ervaringen en het integreren van nieuwe inzichten en perspectieven in ons leven.

Waarom is continu leren zo belangrijk? Om te beginnen is het essentieel om relevant en concurrerend te blijven in de snelle en steeds veranderende wereld van vandaag. Het tempo van de veranderingen in onze samenleving versnelt, gedreven door technologische vooruitgang, mondialisering en veranderende sociale en economische dynamieken. Om deze veranderingen bij te houden en te kunnen gedijen in onze carrière en leven, moeten we bereid zijn ons voortdurend aan te passen en te leren. Door voortdurend te leren kunnen we voorop blijven lopen, anticiperen op opkomende trends en kansen en onszelf positioneren voor succes in een snel evoluerend landschap. Maar continu leren is ook belangrijk voor persoonlijke groei en vervulling. Het leren van nieuwe dingen verbreedt onze horizon, verruimt onze perspectieven en verrijkt ons leven op zinvolle en lonende manieren. Het stelt ons in staat onze interesses, passies en talenten te verkennen en nieuwe kansen en ervaringen na te streven die ons vreugde en vervulling brengen. Continu leren bevordert een groeimindset, veerkracht en zelfvertrouwen, en stelt ons in staat om uitdagingen en obstakels met moed en vastberadenheid te overwinnen.

Oké, dus nu we hebben vastgesteld waarom continu leren belangrijk is, laten we het hebben over hoe we dit effectief kunnen cultiveren. Effectief continu leren begint met een mentaliteit van nieuwsgierigheid en openheid voor nieuwe ervaringen. Benader leren als een reis van verkenning en ontdekking, in plaats van als een bestemming of einddoel. Ontwikkel een gevoel van verwondering en ontzag over de wereld om je heen, en wees bereid om buiten je comfortzone te stappen en nieuwe dingen te proberen. Omarm falen als een natuurlijk onderdeel van het leerproces en beschouw het als een kans voor groei en verbetering.

Als u eenmaal de mentaliteit van continu leren heeft aangenomen, is het belangrijk om een plan en structuur voor uw leertraject te creëren. Stel duidelijke doelen en doelstellingen voor wat u wilt leren en bereiken, en maak een routekaart of actieplan om uw inspanningen te begeleiden. Verdeel uw doelen in kleinere, beheersbare stappen en geef prioriteit aan uw leeractiviteiten op basis van hun belang en relevantie voor uw doelen. Wees proactief bij het zoeken naar leermogelijkheden, of dit nu via formeel onderwijs, online cursussen, workshops of zelfstudie is. En zorg ervoor dat u tijd en middelen vrijmaakt om uw leertraject te ondersteunen en er een prioriteit in uw leven van te maken.

Maar effectief continu leren vereist ook reflectie en integratie van wat we leren in ons leven. Neem de tijd om na te denken over je leerervaringen en om nieuwe inzichten en perspectieven te integreren in je denken en gedrag. Zoek naar mogelijkheden om wat u leert toe te passen in uw persoonlijke en professionele leven, en om uw kennis en expertise met anderen te delen. Zoek feedback en begeleiding van mentoren, coaches of collega's, en sta open om van hun ervaringen en perspectieven te leren.

Natuurlijk vereist continu leren toewijding, discipline en veerkracht. Het opbouwen van een gewoonte van levenslang leren kost tijd en moeite, en onderweg zullen er onvermijdelijk uitdagingen en obstakels zijn. Maar met de juiste aanpak en mentaliteit kan continu leren een lonende en verrijkende ervaring zijn die ons leven op diepgaande en betekenisvolle manieren verandert. Laten we dus onze mouwen opstropen, aan de slag gaan en continu leren omarmen als een levenslange reis van groei, ontdekking en zelfverbetering. Het is aan ons om de toekomst te creëren, en continu leren is onze routekaart naar succes en voldoening.

Evenwicht tussen werk en privé: harmonie koesteren in een drukke wereld

Oké, laten we een van de belangrijkste aspecten van het moderne leven onderzoeken: de balans tussen werk en privéleven. In de snelle en veeleisende wereld van vandaag is het vinden van een gezond evenwicht tussen onze professionele verantwoordelijkheden en persoonlijke bezigheden essentieel voor ons welzijn, tevredenheid en algehele kwaliteit van leven. Laten we dus onze mouwen opstropen en ons verdiepen in de fijne kneepjes van de balans tussen werk en privéleven, van waarom het cruciaal is tot hoe we deze effectief kunnen cultiveren.

Laten we eerst en vooral onze voorwaarden definiëren. Het evenwicht tussen werk en privéleven is de delicate kunst van het combineren van de eisen van onze carrière met het verlangen naar persoonlijke vervulling, gezondheid en geluk. Het houdt in dat we onze tijd, energie en prioriteiten beheren op een manier die ons in staat stelt uit te blinken in onze professionele inspanningen, terwijl we ook onze relaties onderhouden, onze passies nastreven en voor ons fysieke en mentale welzijn zorgen. Maar de balans tussen werk en privéleven gaat niet alleen over het verdelen van onze tijd; het gaat ook over het stellen van grenzen, het managen van verwachtingen en het vinden van harmonie tussen ons werk en privéleven.

Waarom is de balans tussen werk en privé zo belangrijk? Ten eerste is het essentieel voor onze gezondheid en ons welzijn. Onderzoek heeft aangetoond dat chronische stress en overwerk een aanzienlijke tol kunnen eisen van onze lichamelijke en geestelijke gezondheid, wat kan leiden tot burn-out, uitputting en een verhoogd risico op gezondheidsproblemen zoals hartziekten, depressie en angst. Door prioriteit te geven aan de balans tussen werk en privéleven kunnen we onze stressniveaus verminderen, onze batterijen opladen en onze algehele gezondheid en welzijn verbeteren.

Maar de balans tussen werk en privé is ook cruciaal voor onze relaties en de kwaliteit van leven. Onze persoonlijke relaties vormen de basis van ons geluk en onze vervulling en bieden ons liefde, steun en verbinding in ons leven. Het verwaarlozen van onze relaties ten gunste van werk kan onze relaties onder druk zetten en tot gevoelens van eenzaamheid, isolatie en spijt leiden. Door prioriteit te geven aan quality time met onze dierbaren en onze relaties te koesteren, kunnen we een sterk ondersteuningssysteem en een gevoel van verbondenheid creëren dat ons overeind houdt tijdens de uitdagingen en triomfen van het leven.

Oké, dus nu we hebben vastgesteld waarom de balans tussen werk en privéleven belangrijk is, laten we het hebben over hoe we deze effectief kunnen cultiveren. Een effectief evenwicht tussen werk en privéleven begint met het stellen van duidelijke grenzen en prioriteiten. Neem de tijd om vast te stellen wat voor u het belangrijkst is, zowel in uw werk als in uw persoonlijke leven, en stel grenzen vast die uw tijd, energie en welzijn beschermen. Communiceer uw grenzen en prioriteiten met uw collega's, klanten en dierbaren, en wees bereid nee te zeggen tegen verplichtingen of eisen die niet in overeenstemming zijn met uw waarden of doelen.

Zodra u uw grenzen en prioriteiten heeft vastgesteld, is het belangrijk om uw tijd en energie effectief te beheren. Geef prioriteit aan uw taken en verantwoordelijkheden op basis van hun belang en urgentie, en besteed uw tijd en energie dienovereenkomstig. Plan gedurende de dag regelmatig pauzes om op te laden en te resetten, en houd rekening met uw fysieke en mentale welzijn. Neem de tijd voor zelfzorgactiviteiten zoals lichaamsbeweging, meditatie of hobby's die u vreugde en voldoening schenken, en maak ze tot een prioriteit in uw dagelijkse routine.

Maar een effectief evenwicht tussen werk en privéleven vereist ook flexibiliteit en aanpassingsvermogen. Het leven is onvoorspelbaar, en er zullen onvermijdelijk momenten zijn waarop het werk meer van onze tijd en aandacht vraagt, of waarin persoonlijke verplichtingen vereisen dat we onze schema's moeten aanpassen. Wees bereid om flexibel te zijn en je aan te passen aan veranderende omstandigheden, en wees proactief in het vinden van creatieve oplossingen waarmee je aan je verplichtingen kunt voldoen zonder je welzijn op te offeren. Zoek indien nodig steun bij uw collega's, vrienden of familieleden en wees bereid taken te delegeren of om hulp te vragen als u zich overweldigd voelt.

Natuurlijk is het cultiveren van de balans tussen werk en privé een voortdurend proces dat mindfulness, zelfbewustzijn en toewijding vereist. Het is niet altijd gemakkelijk, en er zullen momenten zijn waarop we moeite hebben om de juiste balans te vinden. Maar met oefening en doorzettingsvermogen kunnen we een leven creëren dat voldoening geeft, betekenisvol en duurzaam is – een leven waarin werk en persoonlijke bezigheden harmonieus naast elkaar bestaan, en waarin we zowel professioneel als persoonlijk gedijen. Laten we dus onze mouwen opstropen, aan de slag gaan en de reis naar een evenwicht tussen werk en privéleven omarmen als een pad naar meer geluk, voldoening en welzijn. Het is aan ons om de toekomst te creëren, en met evenwicht in ons leven kunnen we alles bereiken waar we ons op richten.

Reflecteren en verbeteren: het pad naar persoonlijke en professionele groei

Oké, laten we de transformerende praktijk van reflecteren en verbeteren onderzoeken. In onze snelle levens is het essentieel voor persoonlijke en professionele groei om de tijd te nemen om te pauzeren, na te denken en te leren van onze ervaringen. Laten we dus onze mouwen opstropen en ons verdiepen in de fijne kneepjes van reflecteren en verbeteren, van waarom het cruciaal is tot hoe we dit effectief kunnen cultiveren.

Laten we eerst onze voorwaarden definiëren. Reflecteren is het proces waarbij we met nieuwsgierigheid en openheid terugkijken op onze ervaringen, gedachten en acties. Het houdt in dat we een stap terug doen uit de drukte van het leven en onze successen, uitdagingen en geleerde lessen met een kritisch oog onderzoeken. Verbeteren daarentegen is het proces waarbij we onze reflecties gebruiken om positieve veranderingen in ons leven aan te brengen. Het gaat om het identificeren van gebieden voor groei en ontwikkeling, en het ondernemen van doelbewuste acties om onze vaardigheden, gewoonten en mentaliteit te verbeteren.

Waarom is reflecteren en verbeteren zo belangrijk? Ten eerste is het essentieel voor leren en groei. Onze ervaringen, zowel positief als negatief, bevatten waardevolle lessen en inzichten die ons kunnen helpen een betere versie van onszelf te worden. Door de tijd te nemen om na te denken over onze ervaringen en de wijsheid die ze bevatten eruit te halen, kunnen we een dieper inzicht krijgen in onszelf, onze sterke en zwakke punten, en de wereld om ons heen. Door te reflecteren kunnen we leren van onze fouten, onze successen vieren en weloverwogen beslissingen nemen die aansluiten bij onze waarden en doelen.

Maar ook voor de persoonlijke en professionele ontwikkeling is reflecteren en verbeteren cruciaal. In de snelle en complexe wereld van vandaag is het vermogen om zich aan te passen, te leren en te groeien essentieel om relevant te blijven en succes te behalen. Door voortdurend na te denken over onze ervaringen en te zoeken naar mogelijkheden voor verbetering, kunnen we onze vaardigheden verbeteren, onze kennis uitbreiden en nieuwe mogelijkheden voor vooruitgang en voldoening ontsluiten. Door te reflecteren en te verbeteren kunnen we veerkrachtiger, flexibeler en effectiever worden in het omgaan met de uitdagingen en onzekerheden van het leven.

Oké, dus nu we hebben vastgesteld waarom reflecteren en verbeteren belangrijk is, laten we het hebben over hoe we dit effectief kunnen cultiveren. Effectief reflecteren en verbeteren begint met het creëren van tijd en ruimte voor zelfreflectie. Maak elke dag of week tijd vrij om te pauzeren, uw geest tot rust te brengen en na te denken over uw ervaringen. Je kunt een dagboek bijhouden, mediteren of gewoon rustig zitten en nadenken over je gedachten en gevoelens. De sleutel is om een gewoonte van reflectie te creëren waardoor je je kunt afstemmen op je innerlijke wijsheid en helderheid en inzicht in je leven kunt krijgen.

Als je eenmaal tijd hebt vrijgemaakt voor reflectie, is het belangrijk om jezelf krachtige vragen te stellen die diep nadenken en zelfontdekking stimuleren. Stel jezelf vragen als: Wat heb ik van deze ervaring geleerd? Wat ging er goed en wat had ik anders kunnen doen? Wat zijn mijn sterke punten en groeigebieden? Wat zijn mijn doelen en ambities, en welke stappen kan ik ondernemen om deze te bereiken? Door uzelf deze indringende vragen te stellen, kunt u waardevolle inzichten ontdekken en verbeterpunten identificeren die van invloed kunnen zijn op uw toekomstige acties en beslissingen.

Maar reflecteren en verbeteren gaat niet alleen over introspectie, het gaat ook over actie ondernemen. Zodra u gebieden voor groei en ontwikkeling heeft geïdentificeerd, is het belangrijk om doelbewuste acties te ondernemen om positieve veranderingen in uw leven aan te brengen. Stel specifieke, meetbare en haalbare doelen voor uzelf en stel een actieplan op om deze te bereiken. Verdeel uw doelen in kleinere, beheersbare stappen en prioriteer uw inspanningen op basis van hun belang en urgentie. En zorg ervoor dat u uw voortgang bijhoudt en gaandeweg uw successen viert, zodat u gemotiveerd en geïnspireerd blijft om te blijven groeien en verbeteren.

Reflecteren en verbeteren is uiteraard een voortdurend proces dat inzet, discipline en veerkracht vereist. Het is niet altijd gemakkelijk, en er zullen momenten zijn waarop we moeite hebben om de motivatie of duidelijkheid te vinden om na te denken en actie te ondernemen. Maar met oefening en doorzettingsvermogen kunnen we een gewoonte van voortdurend leren en verbeteren cultiveren die ons leven verrijkt en ons naar onze doelen stuwt. Laten we dus onze mouwen opstropen, aan de slag gaan en de reis van reflectie en verbetering omarmen als een pad naar meer zelfbewustzijn, vervulling en succes. De toekomst is aan ons om te creëren, en met reflectie en verbetering kunnen we alles bereiken waar we ons op richten.

Conclusie

Kortom, de reis door de gids voor beginnende managers is verrijkend en verhelderend geweest. We hebben een breed scala aan onderwerpen onderzocht, van de grondbeginselen van management tot de nuances van leiderschap, communicatie en organisatiedynamiek. Tijdens dit traject hebben we waardevolle inzichten en praktische strategieën verworven om de complexiteit van de leidinggevende rol te doorgronden en succes te bevorderen in zowel ons professionele als persoonlijke leven.

We begonnen met het onderzoeken van de rol van een manager en het begrijpen van zijn verantwoordelijkheden, uitdagingen en kansen. Vervolgens hebben we ons verdiept in essentiële vaardigheden zoals communicatie, delegatie, tijdmanagement en besluitvorming, en leerden we hoe we teams effectief konden leiden en inspireren om hun doelen te bereiken. We hebben het belang van diversiteit, inclusiviteit en emotionele intelligentie onderzocht bij het creëren van een positieve en inclusieve werkomgeving, waarin elk individu zich gewaardeerd, gerespecteerd en in staat gesteld voelt om het beste van zichzelf te geven.

We hebben ook cruciale onderwerpen aangepakt, zoals rekrutering, onboarding, prestatiebeheer en conflictoplossing, waardoor we waardevolle inzichten hebben verkregen over de manier waarop toptalent kan worden aangetrokken, ontwikkeld en behouden, en hoe we met gratie en professionaliteit met uitdagingen en conflicten kunnen omgaan. We onderzochten het belang van continu leren, reflecteren en verbeteren, waarbij we erkennen dat groei en ontwikkeling levenslange reizen zijn die toewijding, nieuwsgierigheid en veerkracht vereisen.

In deze gids komt één overkoepelend thema naar voren: het belang van relaties. Of het nu gaat om het opbouwen van vertrouwen en een verstandhouding met onze teamleden, het effectief samenwerken tussen verschillende functies, of het omgaan met belanghebbenden en klanten, succes in management komt uiteindelijk neer op de kwaliteit van onze relaties. Door een cultuur van vertrouwen, respect en samenwerking te bevorderen, en door te investeren in onze persoonlijke en professionele groei, kunnen we een werkplek creëren waar iedereen gedijt en slaagt.

Laten we bij het afsluiten van deze gids niet vergeten dat de reis van management niet alleen gaat over het behalen van resultaten, maar ook over het maken van een positieve impact op de levens van anderen. Door met integriteit, empathie en doelgerichtheid leiding te geven, en door ernaar te streven een werkplek te creëren waar iedereen zich gewaardeerd en gesteund voelt, kunnen we een betere wereld creëren voor onszelf en toekomstige generaties.

Laten we dus de lessen uit deze gids nemen en deze toepassen in ons dagelijks leven, zowel professioneel als persoonlijk. Laten we ernaar streven het soort leiders te zijn dat anderen inspireert, excellentie cultiveert en een verschil maakt in de wereld. En laten we nooit vergeten dat de meest lonende reis niet de reis is die we alleen maken, maar de reis die we samen maken, als team, verenigd in onze toewijding aan uitmuntendheid, groei en succes.

Bedankt dat je met mij meegaat op deze reis. Op uw succes als manager, leider en changemaker. De toekomst ziet er rooskleurig uit, en met de kennis en vaardigheden die we in deze gids hebben opgedaan, zijn er geen grenzen aan wat we kunnen bereiken. Proost op een nieuw begin en opwindende mogelijkheden!

www.ingramcontent.com/pod-product-compliance
Lightning Source LLC
Chambersburg PA
CBHW071212240526
45470CB00018B/1805